Kinder
in den Kulturen der Welt

Martine Laffon hat Philosophie studiert und u. a. *Sophies Welt* ins Französische übertragen. Sie ist Herausgeberin einer Reihe, die bei Éditions du Seuil in Paris erscheint, und Autorin mehrerer Bücher. Außerdem beschäftigt Martine Laffon sich intensiv mit traditioneller Medizin und Lebensweise.

Caroline Laffon, die Tochter von Martine Laffon, hat Film studiert. In Frankreich ist sie bekannt für ihre Sachbücher und Jugendromane.

Umschlag-Vorderseite: Himalaya © Éric Valli
Umschlag-Rückseite: Papua Neuguinea © Stone / Schafer & Hill

Aus dem Französischen übersetzt von Eva Plorin und Alexandra Brehme

Die Originalausgabe erschien 2001 unter dem Titel *Enfants d'ailleurs*
bei Groupe de La Martinière, Paris
Copyright © 2001 Groupe de La Martinière
Alle Rechte vorbehalten

5. Auflage 2011
Deutsche Ausgabe Copyright © 2003 Gerstenberg Verlag, Hildesheim
Alle deutschen Rechte vorbehalten
Satz: Fotosatz Ressemann, Hochstadt
ISBN 978-3-8369-2588-4

Martine und Caroline Laffon

Kinder
in den Kulturen der Welt

Aus dem Französischen
von Eva Plorin und
Alexandra Brehme

Inhalt

Vorwort **7**

Maniok, Rinderfüße und Chilischoten
Wie Kinder essen lernen **8**

Frisierkunst, sprechende Wickeltücher und Karibustiefel
Körperschmuck von Kopf bis Fuß **44**

Aufbruch zu neuen Ufern
Heim, Familie und das große Unbekannte **108**

Sandhefte, Steintafeln und Lieblingsspiele
Kinder und Schule **160**

Heilige Bänder, Büffelopfer und Großmutters Geschichten
Initiationsriten, Zeremonien und Traditionen **206**

Bibliografie **238**

Tibet
Aufbruch zu den Weiden
der Hochebene.

Vorwort

Einem Kind durch lebendige Traditionen zu helfen, seinen Platz in der Familie und der Gemeinschaft zu finden und darüber hinaus den Sinn des Lebens und den Weg der Menschheit zu erkennen, ist wohl der Wunsch aller Eltern dieser Welt.

Die Unterweisung und die zu respektierenden Werte variieren je nach Kultur, doch in allen Fällen gilt, dass nicht nur theoretisches und praktisches Wissen, sondern auch das Wissen um das Sein vermittelt wird und ein Kind auf diese Weise Schritt für Schritt zu einem Mitglied der Gemeinschaft werden soll.

Die Wege sind so unterschiedlich wie die Kulturen und Lebensräume, sie beginnen mit einem ersten Löffel Hirse, einem ersten Bissen Karibufleisch oder einem Stück Gerstenfladen und enden mit den Initiationsriten.

Reiseberichte sowie ethnologische oder anthropologische Studien vermitteln einen Eindruck davon, wie Kinder in den verschiedensten Regionen der Erde die Aufgaben des Alltags bewältigen, gutes Benehmen und Körperbeherrschung erlernen, und wie viel Selbstständigkeit und Eigenverantwortung ihnen zugestanden werden.

Dieses Buch möchte kein Bild der Lebensbedingungen von Kindern aus aller Welt zeichnen, sondern auf Traditionen aufmerksam machen, die langsam aussterben oder bereits der Vergangenheit angehören. Im Zuge seiner Studien zur Evolution des Menschen äußerte André Leroi-Gourhan schon 1957 die Befürchtung, dass die uralten Riten und Gebräuche von »einer Verkümmerung der kulturellen Werte und der zunehmenden Gleichförmigkeit der Gesellschaft« bedroht seien.

Die folgenden Einblicke in die unterschiedlichsten Kulturräume sollen zeigen, wie faszinierend und bereichernd die Vermittlung von Wissen, aber auch die Weiterentwicklung traditioneller Werte und Weisheiten durch die junge Generation sein können.

Maniok, Rinderfüße und Chilischoten
Wie Kinder essen lernen

Ob Maniokbrei mit Blättern des Affenbrotbaums in Mali, gefrorenes Rentierfleisch in Kanada oder Fladen aus Maden in Vanuatu – mit Nahrung befriedigt man nicht nur ein existenzielles Bedürfnis, sondern die Speisen, die wir unserem Körper zuführen, prägen auch unser Innerstes.

Symbolik, Kult und Heilkraft definieren in allen Kulturen den Stellenwert eines Nahrungsmittels. Klassifizierungen wie gut, schlecht, bekannt oder unbekannt werden von einer Generation an die nächste weitergegeben, und oft begegnen die Menschen deshalb einem fremden Geschmack eher mit Misstrauen. Ist in unserer Nahrung nicht letztendlich auch unsere kulturelle Identität verankert?

Bei den Massai rührt man Rinderblut unter das Hirsemehl, um dem Körper mehr Kraft zu verleihen; für Indonesier steckt die Lebenskraft im Reis, dem Getreide aus Wasser und Licht, und für südamerikanische Völker im Mais, der einst als heilige Speise verehrt wurde – die Inkas brachten dem gelben Korn sogar Menschenopfer dar. In Schwarzafrika soll Milch, mancherorts gemischt mit Blut, Sperma oder Speichel, zu Wohlstand und Fruchtbarkeit verhelfen. Die Traditionen, die verbunden sind mit Nahrungsauswahl, -zubereitung und -darreichung, werden den Kindern durch die Eltern, den Klan und die Gesellschaft vermittelt.

Für ein Kind ist das Abstillen zwar manchmal eine sehr einschneidende und schwierige Erfahrung, danach eröffnet sich ihm aber eine neue Welt mit unterschiedlichsten Geschmacksrichtungen, Gerüchen, Farben und Konsistenzen. Bei den Tamang in Nepal gilt der Tag der ersten festen Nahrung sogar als Festtag, an dem die Mutter ihr Kind in die rituelle Farbe Weiß kleidet.

Indien
Region Zanskar (Himalaya).

Brei und andere Morgenspeisen

»Man ist, was man isst«, schrieb Ludwig Feuerbach. Selbst dort, wo die ursprüngliche Sprache und die traditionelle Kleidung aufgegeben wurden, lässt sich an den typischen Gerichten immer noch die Zugehörigkeit zu einer Kultur erkennen – das kann so weit gehen, dass ein Nationalgericht als diskriminierende Bezeichnung für ein gesamtes Volk benutzt wird.

Für die meisten Kinder der westafrikanischen Fulbe besteht das Frühstück aus einem gezuckerten Hirse- oder Reisbrei, der mit Tamarindensaft oder geronnener Zebumilch verfeinert wird. Auf der anderen Seite der Erdkugel trinken tibetische Kinder die Milch der *dri*, des weiblichen Yaks, die neben geröstetem Gerstenmehl, Tee und Butter zu ihren Grundnahrungsmitteln gehört. Ein weiser Tibeter sagte: »Wenn Nahrung die bedeutsamste Medizin ist, dann ist die frische *dri*-Milch eine Art Ambrosia, denn sie heilt alle Atemwegserkrankungen, frischt den Teint auf und verleiht Seelenfrieden und innere Ruhe.«

Ein Kind, das einem tibetischen Nomadenstamm angehört, lernt den Tag nach dem Vorbild seiner Eltern zu beginnen, das heißt mit Gebeten und dem Darbringen von Milch für die unsichtbaren Geister der Erde und des Himmels. Überschüssige Butter, die für Körperwärme, Kraft und hohes Alter sorgt, geht an die Mönche im Kloster. Diese schlagen die Butter für die Zubereitung von Tee oder füllen sie in die Tausende von kleinen Lämpchen, die zu Ehren der Götter angezündet werden.

Jedes Kind muss sich an die Ernährung anpassen, die ihm seine Umgebung bietet. Seine Eltern führen es allmählich an sie heran, indem sie dem Grundnahrungsmittel nach und nach Gewürze, Gemüse, Fisch oder Fleisch beigeben. Um den Übergang zu den Gerichten der Erwachsenen, zu denen auch oft scharf gewürzte Suppen gehören, zu erleichtern, reichen viele afrikanische Mütter den Kleinen zuerst eine zähflüssige Soße aus zerkochten Blättern oder kleinem Gemüse wie den Gombos, einer Art von Okraschoten. Die Soße ölt ihren Rachen und schützt den noch recht empfindlichen Magen.

Die Beschaffenheit und die Konsistenz der Nahrungsmittel, ihr Geschmack und ihre Vielfalt ermöglichen schon dem Kind eine Klassifizierung nach warm, kalt, mild und würzig, und so gewinnt seine Umwelt anhand dessen, was es isst, Stück für Stück Struktur.

Tschad
Eine Frau der Fulbe mit ihrem Kind.

Niger
Ein Kind der Fulbe bei seinem ersten morgendlichen Schluck Milch aus einer Kalebasse.

Südamerika
Ein kleiner Junge isst seine Suppe neben einem großen Sack mit Chilischoten.

Menu à la carte

Manche Mütter der Andenregion oder Indiens wenden einen unfehlbaren Trick an, um ihre Kinder abzustillen: Sie reiben ihre Brust mit einer Chilischote ein. Diese Methode macht den Kindern schnell begreiflich, dass sie von nun an im Familienklan eine andere Stellung einnehmen werden. Ihre Identität definiert sich also über das, was sie geschmacklich wahrnehmen. Françoise Dolto stellte fest, dass der Wissensdurst dem Appetit auf Nahrung kaum nachsteht. Von dem Moment an, da ein Kind unterscheiden kann, entwickelt es Vorlieben und Abneigungen. Ein erstes Urteil fällt es, wenn es eine von der Mutter angebotene Speise mit einem »Das mag ich nicht« zurückweist. Die Mutter fördert oder beschneidet die Autonomie und die Neugier ihres Kindes, indem sie seine Entscheidung akzeptiert oder nicht.

Kinder in der westlichen Welt lernen vier grundlegende Geschmacksrichtungen zu unterscheiden: sauer, bitter, salzig und süß. Für chinesische Kinder kommt der beißend-scharfe Geschmack und für indische Kinder der feurig-scharfe hinzu. Die individuellen Vorlieben und Abneigungen sind also auch von dem jeweiligen Kulturkreis geprägt. Gewürze, die auf uns oft sehr intensiv wirken, sind aus der traditionellen Küche anderer Länder nicht wegzudenken.

So dürfen in den unterschiedlichsten Ländern, vom Balkan über Amerika bis nach Afrika, bei der Essenszubereitung Chili und Paprika, ob zerstoßen, gemahlen oder zerkaut, auf keinen Fall fehlen: Das Gewürz zieht sich wie ein roter Faden durch die verschiedensten geschmacklichen Erfahrungswelten der frühesten Kindheit. In Indien und Südostasien lässt sich übrigens am Grad der Schärfe ausmachen, aus welcher Gegend der Koch stammt.

In China lehrt man die Kinder, die einzelnen Regionen des Landes anhand der kulinarischen Vorlieben zu unterscheiden: Im Osten isst man mild und süß, im Westen scharf und würzig, im Norden salzig und gehaltvoll und im Süden frisch und leicht.

Jedes Land besitzt eine einzigartige Kunst, die Geschmacksnerven mit Gewürzen zu stimulieren.

Kamerun
Beim Sammeln von Karité-Raupen.

Raupen im Blattmantel

In jedem Kulturraum gilt ein anderer Zeitpunkt als geeignet, ein Kind von der Mutterbrust zu entwöhnen. Bei den Bambara in Mali erhalten Kinder die erste feste Nahrung, wenn sie laufen können. Bei den Mvae im südlichen Kamerun wartet man, bis das Kind in der Lage ist, »allein zurechtzukommen«: Es soll mit seiner Kalebasse Wasser zum Trinken schöpfen können und mit den Älteren gemeinsam essen, ohne dass zu befürchten ist, dass sie ihm nur einen winzigen Teil abgeben. Die Übergangszeit ist meistens nicht einfach und erfordert alle Geduld und Liebe der Mütter, doch schließlich werden auch die Kleinsten in Bobo-Dioulasso in Burkina Faso der Muttermilch eine Mahlzeit aus Raupen vorziehen.

Unter der Anleitung ihrer Mütter werden die Kinder eine Karité-Raupe bald als Delikatesse schätzen. Diese Raupenart wird auch »Kaviar des Buschs« genannt und schmeckt in einer Suppe einfach köstlich. Ab dem Monat Mai, wenn die Raupen die Karitébäume über und über bedecken, kann man im Busch eine große Betriebsamkeit erleben. Die gesammelten Larven werden in lauwarmes Wasser geworfen, dann mit Pottasche gereinigt und in der Sonne getrocknet. Auf diese Weise sind sie mehrere Monate lang haltbar. Nach einem Rezept der Ngando, einem afrikanischen Waldvolk, werden die Raupen in ein aromatisches Blatt der Marantapflanze eingerollt und eine Dreiviertelstunde lang geschmort.

Die Raupen werden nicht nur wegen ihrer einzigartigen Konsistenz und wegen ihres Geschmacks nach gebratenen Eiern geschätzt, sondern sie gleichen in Zeiten, da Fleisch und Fisch knapp sind, auch den Mangel an Proteinen und Mineralsalzen aus. Zudem schreibt man den Raupen verschiedene Heilwirkungen zu: So sollen sie bei Blutdruckproblemen und gegen Verstopfung helfen.

Fleischsorbet

Die Augen und die Leber eines frisch geschlachteten Seehunds sind wahre Leckerbissen für die Kinder der Inuit. Die Mütter führen besonders ihre Töchter an den Verzehr der Aorta und der Lungenarterie heran. Von den Eltern lernen die Inuit-Kinder, dass alle Teile eines wilden Tieres essbar sind und dass sie aus seinem Blut ihre Lebenskraft gewinnen, die sich symbolisch nach der Rückkehr von jeder erfolgreichen Jagd erneuert.

Im Rhythmus der Jahreszeiten lernen die Kinder durch Beobachtung der Erwachsenen die Tiere gemäß ihrem Fettanteil zuzubereiten. Sie verinnerlichen die Grundregel für ein gesundes Leben: Roh gegessen werden nur Wild und Fisch, deren Ernährung man kennt; nur das rohe Fleisch von Seehunden, Fischen, Meeresfrüchten und nicht etwa von Zugvögeln wird frisch verzehrt. Das rohe Fleisch eines Karibus nimmt man dagegen gefroren zu sich; nur sein Mageninhalt (reich an Vitamin C), die Fettschicht und das Knochenmark werden sofort verzehrt. Ebenso wie für das sibirische Nomadenvolk der Nenet, das Rentiere hält, gehört für die Inuit Fleisch, das über mehrere Monate in der polaren Kälte konserviert wurde, zum Speiseplan. Die Fleischstücke von Rentier oder Karibu werden dann eine Zeit lang in der wärmeren Wohnstätte aufbewahrt und schließlich ausgesaugt, indem man sie wie Eissorbet im Mund zergehen lässt.

Auch getrocknetes oder abgelagertes Fleisch wird von den Völkern der Arktis als Nahrungsmittel geschätzt, wie die auf Ernährung spezialisierte Anthropologin Marie Roué beobachtet hat. Fleisch zu lagern, ohne dass es verdirbt, beruht auf einem langwierigen und komplexen Verfahren. Fleisch und Fett werden über mehrere Monate in Ledersäcken im Freien, aber vor Sonnenlicht geschützt, aufbewahrt. Für kleine Kinder ist es verboten, davon zu essen, denn es wird als ein Reizmittel mit ebenso gefährlicher Wirkung wie Tabak oder Alkohol angesehen.

Kanada
Kleines Inuit-Mädchen.

Sibirien
Ein kleiner Junge der Nenet mit einem Stück gefrorenen Rentierfleisches.

Die Fingerspitzenregel

Das Essen mit den Fingern ist in zahlreichen Kulturkreisen gang und gäbe. Indem die Nahrung mit den Fingern zum Mund geführt wird, ergänzt der Tastsinn die geschmackliche Wahrnehmung von Speisen und ihrer Konsistenz; gleichzeitig wird dadurch ausgeschlossen, dass die Nahrung zu heiß gegessen wird. Doch diese Art der Nahrungsaufnahme ist einem ebenso strengen Benimmkodex unterworfen wie der Gebrauch von Messer und Gabel: Es ist nicht nur genau festgelegt, mit welcher Hand, sondern auch mit wie vielen Fingern man sich bedient.

Indische Kinder lernen mit der rechten Hand zu essen, wobei möglichst nur die obersten Fingerglieder benutzt werden sollen – und sie dürfen auf keinen Fall *in* den Mund geführt werden. Das Waschen der Hände ist vor und nach der Mahlzeit ein Muss. In Westafrika stellt ein Essen, bei dem sich alle mit den Fingern aus einer Schüssel nehmen, einen Höhepunkt des gemeinschaftlichen Lebens dar. Blandine Bril, eine Expertin auf dem Gebiet der vergleichenden Psychologie, beobachtete, dass die Kinder der Bambara in Mali von ihren Eltern penibel in der Kunst des Essens aus einem gemeinsamen Gefäß unterwiesen werden: Mit der linken Hand hält man die Kante der Schüssel, während man mit der rechten etwas von dem Brei aus Hirse oder Sorghum nimmt und auf dem breiten Rand des Gefäßes ein Klößchen formt, das anschließend in Soße getaucht wird. Die älteren Kinder helfen den Kleinen, die noch Schwierigkeiten mit der richtigen Technik haben. Allgemein gilt, dass man sich beim Essen nicht ansieht. Es könnte sonst nämlich so wirken, als wolle man die Menge, die der andere isst, und die Geschwindigkeit, mit der er die Hand zum Mund führt, kritisieren. Zurückhaltung ist ohnehin oberstes Gebot, und es ist eine Sache der Ehre, seinen Appetit zu zügeln und animalische Verhaltensweisen zu vermeiden. Der Kontakt mit der Nahrung ist also ein Balanceakt zwischen der Freude, an einer gemeinsamen Mahlzeit teilzunehmen, und dem Verbot, den sinnlichen Genuss zu deutlich zu zeigen.

Kamerun
Pygmäenkinder beim Essen.

Niger
In der Schulkantine teilen sich Mädchen eine Schüssel Hirsebrei.

Blätterschalen und Wassereier

Der Mensch hat im Laufe der Zeit nicht nur die verschiedensten Zubereitungsarten von Nahrungsmitteln entwickelt, sondern er war auch gezwungen, entsprechende Behältnisse für die Speisen herzustellen. Dabei verwendete er eine Vielzahl von Materialien wie Holz, Ton, Metall oder kräftige Blätter und fertigte grobe Keramik oder zartes Porzellan. Nur selten bedient man sich bei einer Mahlzeit direkt aus dem Kochgefäß. Deshalb werden Schalen zum Servieren der Speisen benötigt, aus denen man dann entweder gemeinsam isst oder ein jeder füllt seine Portion in eine eigene Schale. Die Essschale gibt sowohl Auskunft über den Kulturkreis als auch über den gesellschaftlichen Stand ihres Besitzers.

In Indien werden üblicherweise runde Metallteller verwendet, auf denen Reis und Fladen serviert werden; bei den Bondo in der ostindischen Region Orissa isst man dagegen von Bananenblättern, die nach dem Mahl weggeworfen werden – zur großen Freude der Kühe. Damit beim Essen kein Reiskorn auf dem Boden landet, werden für die Kinder kleine Schalen aus Blättern gefertigt, die mit den Speisen zusammen gekocht werden und diesen gleich eine gewisse Würze verleihen.

Das Trinken aus den Wasserbehältern der Buschmänner in Namibia erfordert lange Übung und einige Geschicklichkeit, wenn man nichts von dem kostbaren Nass verschütten möchte: Die Gefäße sind nämlich mit einem Loch versehene Straußeneier, die nach einem kräftigen Schluck immer wieder in der Erde eingegraben werden, um das Wasser frisch zu halten.

Durch Nachahmung und Wiederholung typischer Handlungen wie dieser integrieren sich Kinder in ihren Klan. Für jedes Kind ist es von maßgeblicher Bedeutung, die Techniken und Bewegungsmuster seiner Kulturgemeinschaft sicher zu beherrschen.

Namibia
Ein Junge der Buschmänner trinkt in der Wüste Wasser aus einem Straußenei.

Indien
Ein kleiner Bondo-Junge aus der Region Orissa erhält sein Frühstück in einem Gefäß aus Blättern.

China
Junge mit einer Schale Reis und einem Essenskörbchen.

China
Mittagessen auf der Türschwelle vor dem Haus.

Kein Platz für Nimmersatte

Wenn man mit demselben Werkzeug essen möchte wie die Großen, dann muss man auch die entsprechenden Tischmanieren beherrschen. Da Kinder vieles durch Nachahmung erlernen, spielt in allen Kulturen das Vorbild der Eltern eine entscheidende Rolle. Gerade die Mahlzeiten sind in sehr klare Rituale eingebunden: Lebensart basiert auf dem äußeren Schein, der Form und verschiedenen Unterscheidungsmerkmalen.

Es ist gewiss praktisch, eine Schale mit Reis beim Essen möglichst nah an den Mund zu halten, doch in China kann das als eindeutiger Hinweis auf die Zugehörigkeit zu einer niedrigen gesellschaftlichen Schicht gewertet werden. Angehörige der gehobenen Schichten halten die Schale weiter vom Körper entfernt, um so zu zeigen, dass sie sich nicht zur bloßen, profanen Nahrungsaufnahme niedergelassen haben. Gier und Maßlosigkeit beim Essen sind verpönt, und ein solches unschickliches Verhalten zeigt man, wenn man die Schale nah an den Mund führt. In der gehobenen Gesellschaft befinden sich übrigens meist mehrere Schüsselchen auf dem Tisch, die oft aus zartem Porzellan bestehen und mit chinesischen Symbolen verziert sind. In diesen Kreisen gehört es auch zum guten Ton, das Grundnahrungsmittel Reis zugunsten variationsreicherer, erlesenerer und somit teurerer Speisen beiseite zu lassen. Während der Mahlzeit wird der Reis dann zum Schluss aufgetragen, und Sie sollten sich als Gast keinesfalls davon bedienen: Wenn die Schale unberührt bleibt, heißt das, dass Sie das Essen genossen haben. Das Respektieren solch einfacher Tischsitten stärkt das Gruppengefühl und beweist, dass man sich unter seinesgleichen befindet.

Von der Kunst, mit Stäbchen zu essen

Laut einem chinesischen Sprichwort ist eine Mahlzeit ohne Reis wie ein schönes Mädchen, dem ein Auge fehlt. Der Reis ist von so maßgeblicher Bedeutung, dass die chinesische Entsprechung für unser »Guten Appetit«, *Sik Fan,* nichts anderes heißt als: »Iss deinen Reis.« Der Reis ist so fest in der Tradition verwurzelt, dass bereits vor dreitausend Jahren in einem Buch gewisse Benimmregeln für den Umgang mit diesem Nahrungsmittel festgelegt wurden: So soll man den Reis in der Essschale möglichst nicht umrühren, die Schale nicht zu sehr füllen und hastiges Essen vermeiden.

In der Kunst, Reis oder Nudeln ohne peinliche Zwischenfälle mit Stäbchen zu essen, übt man sich am besten schon im Alter von drei Jahren. Denn die Stäbchen sind zwar ebenso wie Löffel oder Gabel eine Art Verlängerung der Hand, doch auch kleinen Koreanern oder Chinesen liegt der Umgang mit diesen improvisierten Zangen keineswegs im Blut: Eine ganz besondere Geschicklichkeit erfordert beispielsweise das Fassen kleiner lebendiger Fische, die roh mit einer delikaten Soße verspeist werden. Fleisch, Gemüse und andere Speisen, die mit dem Reis serviert werden, sind immer in mund- und stäbchengerechte Stücke geschnitten. Je nach Land variiert die Dekoration und Größe dieser Esswerkzeuge, die aus Holz, Bambus, Silber, Elfenbein oder heute oftmals aus Plastik sind. Die chinesischen Stäbchen sind im Vergleich zu den japanischen oder koreanischen länger und spitzer.

Und wer eignet sich wohl besser, die Kinder in einer traditionsreichen Kunstfertigkeit zu unterweisen, als die Eltern und Großeltern? Die folgenden Regeln sind fester Bestandteil der chinesischen Kindererziehung: Man soll seine Stäbchen nicht auf den Erdboden fallen lassen und niemals mit ihnen in Richtung Himmel oder auf Menschen zeigen, denn das bringt Unglück. Außerdem soll man sie nicht in den Reis stecken, da dies an die Opfergaben für die Toten erinnert, was auf die übrigen Anwesenden nicht besonders erfreulich wirkt.

Die Aufgaben des Alltags sind normalerweise nicht Gegenstand einer wirklichen Unterweisung. Jede Kulturgemeinschaft verfügt über einen höchst eigenen Schatz an Techniken, und durch Nachahmung der Erwachsenen beginnt das Kind sich seiner körperlichen Geschicklichkeit bewusst zu werden. Es lernt, die Eigenschaften des Werkzeugs, das ihm zur Verfügung steht, zu schätzen und erforscht die Wirkung des Zusammenspiels von Körper und Werkzeug anhand der Präzision seiner Bewegungen. Doch aller Anfang ist schwer!

Südkorea
Mit Stäbchen eines der lebendigen Fischchen zu fangen ist kein Kinderspiel.

China
Selbst beim Essen von langen Reisnudeln gibt es Regeln für den Gebrauch der Stäbchen.

▶▶
China
Mit drei Jahren gilt ein Kind als alt genug, um mit Stäbchen zu essen.

Kräftigendes Mark

Mit Genuss schlürft dieser junge Samburu aus Kenia das Mark aus dem Fuß eines Rindes, das gerade für eine Initiationszeremonie geschlachtet wurde. Die Kraft und Lebensenergie des Tieres soll mittels der Nahrung in den Körper des Jungen übergehen; sie soll ihn zu einem guten Jäger machen und vor Verletzungen schützen. Auch in Ouagadougou, der Hauptstadt von Burkina Faso, schätzt man Rinderfüße als eine Delikatesse. Eingeweihte finden anhand aufsteigender Rauchsäulen problemlos den Weg zum »Rinderfußmarkt«. Dort werden die aus dem Schlachthof geholten Rinderfüße abgekocht und vom Fell befreit. Anschließend werden sie über großen Tonnen geräuchert. Das höchste der Gefühle ist für die Burkiner jedoch nicht das Mark, sondern die Bouillon aus ausgekochten Rinderfüßen, die zum Frühstück mit Brot verzehrt wird.

Kenia
Ein Junge der Samburu saugt bei einem Fest das Mark aus einem Rinderfuß.

Jeder an seinen Platz

Oft entscheidet das Geschlecht des Kindes über seinen Platz innerhalb einer Familie oder eines Klans. Die Trennung zwischen Frauen und Männern, Mädchen und Jungen, die auch in der westlichen Welt lange Zeit das gesellschaftliche Leben bestimmte, findet sich bei vielen traditionell geprägten Völkern gerade während der Mahlzeiten. Beim Essen aus einer Schüssel kommt man sich besonders nah. Die strikte Trennung nach Geschlechtern wurde, bewusst oder unbewusst, als eine vorbeugende Maßnahme gegen Inzest eingesetzt.

Ein kleines Kind hat seinen Platz bei den Frauen. Solange es die Muttermilch trinkt, macht die Mutter keinen Unterschied zwischen Junge und Mädchen. Doch ab einem gewissen Alter ist das Geschlecht von entscheidender Bedeutung: Die Mädchen werden in die Gruppe der Frauen integriert und die Jungen müssen sich Schritt für Schritt von der Mutter lösen, um ihren Platz in der Welt der Männer zu finden.

In manchen afrikanischen Zivilisationen kennzeichnen drei Einschnitte diesen Übergang: das Abstillen, der Zahnwechsel – nun beginnt der kleine Junge die Tätigkeiten der Männer zu erlernen – und die Initiationsriten, die den definitiven Bruch mit der Kindheit symbolisieren.

Bei den Dogon in Mali nimmt der Vater die Mahlzeiten mit den Söhnen ein und die Mutter mit den Töchtern; das Gleiche gilt für die in den afrikanischen Wäldern beheimateten Jäger und Sammler, die Yassa. Diese Völker müssen jedoch oft Zeiten der Nahrungsknappheit durchstehen. So sind sie sehr auf die gerechte Verteilung der Speisen bedacht, weshalb die Kinder häufig gemeinsam essen. Eine wohlüberlegte Einteilung nach Altersgruppen stellt sicher, dass jedes Kind aufgrund seines Rhythmus und Nahrungsbedarfs einen ausgewogenen Anteil an der Mahlzeit erhält.

Bei den Himba in Namibia gilt: Das Kind, egal ob Junge oder Mädchen, wohnt beim Vater, der Familienoberhaupt und Lehrmeister der religiösen Riten ist. Aber die Mahlzeiten nimmt es mit der Mutter ein, die über die Vorräte und das familiäre Wohlergehen wacht.

Namibia
Bei dem Nomadenvolk der Himba nehmen die Kinder die Mahlzeiten mit den Müttern ein.

Eingeschworene Banden

Jedes Kind träumt von dem Zeitpunkt, da es groß genug ist, um sich endlich seinen Platz in der Welt der Erwachsenen zu erobern. Dies gelingt am besten, wenn es über eine Fertigkeit verfügt, die in seiner Gemeinschaft geschätzt wird. Die Zeit, wenn es, allein oder in der Gruppe, die Techniken der Nahrungsbeschaffung erlernt, bietet einem Kind in vielen Kulturen eine gute Gelegenheit, sich zu beweisen und zu zeigen, von welchem Nutzen es später für das Überleben der Familie oder des Stammes sein kann.

Die Anthropologin Suzanne Lallemand berichtet, dass die Kinder der Mossi in Burkina Faso zwar ebenso wie ihre Eltern eine Portion *sarabo,* Hirse, essen, sich ihre Ernährung ansonsten aber durchaus von der der Erwachsenen unterscheidet. Denn die Jungen und Mädchen derselben Altersgruppe schließen sich in Banden zusammen, die völlig selbstständig für mehr Abwechslung auf ihrem Speiseplan sorgen. In der Nähe des Dorfes gehen sie mit Steinschleudern auf Vogeljagd und fangen Kröten, Eidechsen und Heuschrecken, die häufig von ihren Eltern verschmäht werden, um sie anschließend selbst zu braten. Auf diese Weise beschaffen sie sich Fleisch – ein Nahrungsmittel, das es sonst nur selten, etwa an Markt- oder Festtagen, gibt.

Auch die jungen Jivaros müssen früh auf eigenen Beinen stehen, wenn sie nicht nur Maniok und Süßkartoffeln essen möchten. Bereits im Alter von vier Jahren erhält ein Junge von seinem Vater ein Miniaturblasrohr aus Schilf und kleine Pfeile. Mit sechs Jahren sieht man ihn schon in der Nähe des Hauses auf die Jagd gehen – mit einem echten Blasrohr und einem Köcher mit Pfeilen. Wenn er einen Vogel erlegt, bringt er ihn seiner Mutter zum Kochen, doch er selbst isst nicht davon, denn das würde ihn daran hindern, später ein guter Jäger zu werden. Mit neun Jahren darf er zum ersten Mal mit seinem Vater in den Wald. War die Jagd erfolgreich, steht ihm nur ein einziges Stück Fleisch zu: Die Jivaros sind davon überzeugt, dass ein Kind sich nicht an üppige Mahlzeiten gewöhnen darf, da es sonst in Zeiten der Entbehrung klagen würde.

Im Amazonasgebiet beherrschen bereits die Kinder der Xingú die Kunst, Fische mit Pfeil und Bogen zu jagen. Die Pfeilspitzen werden in eine Substanz getaucht, die die Fische einschläfert, sobald sie getroffen werden; so ist es einfacher, die Fische später einzusammeln. Den Jungen macht dieses Spiel mindestens genauso viel Spaß wie das Schwimmen in den kleinen Stromschnellen des Flusses.

Mexiko
In der Region Chiapas hat ein Indianerjunge gerade einen Fisch gefangen.

Brasilien
Junge Xingú-Indianer beim Fischfang mit Pfeil und Bogen.

Die Tradition auf dem Teller

In manchen Zivilisationen gehört zur Erziehung, dass die Kinder ganz genau lernen, was sie zu Hause und was sie außerhalb essen dürfen – und mit wem sie eine Mahlzeit einnehmen dürfen. In vielen Fällen verweisen diese Regeln auf eine sehr komplexe gesellschaftliche Ordnung sowie den Glauben und die Weltanschauung der jeweiligen Gemeinschaft.

In Indien und Nepal haben die Vorschriften des hinduistischen Kastenwesens auch bei Tisch großes Gewicht. Für junge Newar wäre es undenkbar, mit Wasser gekochte Speisen wie Reis, Maisbrei oder Linsengemüse nicht zu Hause im Kreise der Familie zu sich zu nehmen. Darüber hinaus muss sichergestellt sein, dass ein Familienmitglied die Speisen zubereitet und kein fremder Blick sie verunreinigt hat.

Gebackenes oder gebratenes Fleisch oder ungekochte Speisen dürfen dagegen bedenkenlos von Männern und Frauen gemeinsam, egal welcher Kaste sie angehören, und auch im Freien gegessen werden.

Die Vorschriften zur Nahrungsaufnahme dienen dazu, den Platz eines jeden in der Kastenhierarchie genau zu bestimmen: Isst man zum Beispiel gekochten Reis in einer Familie, die einer fremden Kaste angehört, heißt das nichts anderes, als dass man vor aller Welt seine Unterlegenheit der Person gegenüber, die die Mahlzeit zubereitet hat, offenbart.

»Mit wem darf ich gemeinsam Reis essen?«, ist also eine Frage, die den Alltag bestimmt, und Kinder lernen schnell, welcher Kaste sie angehören. Bei dem Ethnologen und Kenner der nepalesischen Newar-Gesellschaft Gérard Toffin lernen wir, dass auch die Beschaffenheit des Essgeschirrs von Bedeutung ist: »Die Speisen müssen auf einem Messingteller oder dem Blatt eines Baums serviert werden und keinesfalls in einer Schale aus Ton. Denn Messing gilt als ein neutralisierendes Material, das Nahrungsmittel vor den Unreinheiten der Erde schützt.«

Indien
In der Gegend von Madras, eine Mutter füttert ihre Kinder.

Geistige Nahrung

Buddha sagt, Lernen bedeute zu lernen, ein menschliches Wesen zu werden. Dieses Ziel kann auf den unterschiedlichsten Wegen erreicht werden: Der Weg der Askese und Demut lehrt das Kind, dass alles im Leben illusorisch und relativ ist. Viele Eltern in Birma sind der Meinung, ihre Söhne erhielten im Kloster eine religiöse Unterweisung, die ihnen später als Erwachsene einen wertvollen Halt biete. Den Mädchen bleibt diese Erfahrung vorenthalten. Für den Eintritt ins Kloster gibt es keine Altersbegrenzung; manche Jungen sind erst sieben oder neun Jahre alt, andere sind schon Jugendliche. Der Klosteraufenthalt selbst dauert meist nur sieben Tage, doch besonders Eifrige teilen das Leben der Mönche von Juli bis Oktober – in den Monaten der buddhistischen Fastenzeit. Doch egal wie lange der Aufenthalt dauert, er ist in jedem Fall ein prägendes Erlebnis. Der Junge lebt während der Klosterzeit wie ein richtiger Mönch: Man rasiert ihm den Kopf und die Augenbrauen; er hat keinerlei Berührung mehr mit Geld und besitzt nichts außer seinem safranfarbenen Kleid, einem Rasierer, einem Stück Stoff sowie einer Schale für seine Verpflegung. Mit dem Erschallen des Gongs um fünf Uhr in der Frühe erwacht das Kloster, und von da an ist es die Aufgabe eines jungen Mönchs, sich zur Verfügung seines religiösen Lehrmeisters zu halten, ihm Wasser, Betel zum Kauen und sein Essen zu bringen sowie das Gebetbuch für ihn zu tragen, wenn er ihn begleitet.

Um sechs Uhr nimmt der Novize seine aus Reis und Früchten bestehende Morgenmahlzeit ein. Nachdem er sich gewaschen und sein Kleid angelegt hat, verlässt er das Kloster, um an den Türen der Wohnhäuser demütig um Nahrung zu bitten. Die Tradition besagt, der Gebende danke mit den Speisen den Mönchen dafür, ihm die Gelegenheit zu einer guten Tat zu bieten, die sich positiv auf sein Karma auswirke.

Die zweite Mahlzeit wird vor zwölf Uhr mittags eingenommen, und danach fastet der junge Mönch bis zum nächsten Morgen. Wenn er das Verlangen verspürt, später im Kloster zu bleiben, erhält er die Mönchsweihe – die jedoch nicht mit einem Gelübde auf Lebenszeit verbunden ist.

Birma
In diesen Behältern transportieren die Novizen morgens die Nahrungsmittel.

Thailand
Mahlzeit in der Pagode.

Kleine Mädchen bei der Hausarbeit

In Afrika brauchen die kleinen Mädchen nicht Hausfrau zu spielen, denn bereits mit vier oder fünf Jahren bekommen sie Aufgaben in der Küche übertragen. Sie helfen ihren Müttern, Hirse in einem Mörser zu Mehl zu zerstampfen oder das Essen auf dem Feuer zu beaufsichtigen. In Birma lernen gleichaltrige Mädchen sogar, mit einem kleinen Gewürzstößel umzugehen und die Gewürze je nach Gericht richtig zu dosieren. Die Aufgabe der Töchter der Jivaro-Indianer ist es, die giftigen Maniokwurzeln aus der Erde zu reißen, im Bach die Giftstoffe herauszuwaschen und schließlich die Wurzeln zu schälen, bevor ihre Mütter sie kochen.

In der Sprache der Inuit bedeutet die Entsprechung des Begriffs »kochen« »etwas mit dem Kessel tun«. Der Kessel steht für Licht, Wärme und die Zubereitung von Speisen und ist somit Symbol für das Heim. Einst war es üblich, dass es nur zum Abendessen, wenn die Männer von der Jagd zurückkehren, gekochtes Karibufleisch oder gedünsteten Fisch gab. Da Holz in der Tundra nicht leicht zu finden ist, galt es, das Feuer unter dem Kessel nicht aus den Augen zu lassen. Die kleinen Mädchen und ihre Mütter waren die Hüterinnen des Heims und des Feuers.

Ecuador
Kleine Jivaro-Mädchen lernen von ihrer Mutter die Zubereitung des Maniok.

Die Wohnküche

Der Hauptraum der Wohnhäuser im indischen Ladakh, einem einstigen Königreich im Himalaya, ist symbolisch von einem Mittelpfeiler unterteilt. Links davon ist das Reich der Frauen und kleinen Mädchen. Hier befinden sich der Herd, die Kochutensilien und die Vorräte. Catherine Mangeot, die die Ernährung in Tibet erforscht hat, beobachtete, dass Mütter und Töchter bei allem, was die Zubereitung der Mahlzeiten betrifft, in einem genau festgelegten Bereich des Hauses zusammenarbeiten. Unter dem Blick der Schutzgötter des Heims befeuern sie einen Kochherd und eine offene Feuerstelle mit getrocknetem Yakdung, der ausgezeichnete Brenneigenschaften besitzt. Es ist übrigens Aufgabe der Kinder, ihn zu sammeln.

Jede gute Hausfrau bringt ihrer Tochter bei, dass sie sich immer links vom Herd aufzuhalten hat und nach ihrer Hochzeit mit dem Essen warten muss, bis alle anderen mit den Fladen, die man mit Fleisch füllt, sowie mit Gerstenbier versorgt sind. Die Mädchen lernen auch ranghohe Gäste an ihrem Platz auf der rechten Seite, nah beim Feuer, zu erkennen. Die Ranghöchsten sitzen erhöht im Lotussitz auf Kissen, die übrigen, gemäß ihrer Stellung in der Hierarchie, immer niedriger und von den anderen weiter entfernt.

Der rechte Bereich des Wohnraums ist den Männern vorbehalten, doch kommt es heutzutage auch vor, dass dort ohne Geschlechtertrennung die Mahlzeiten im Kreis der Familie eingenommen, der traditionelle Buttertee getrunken oder Freunde empfangen werden.

Die Bräuche, die die Nahrungszubereitung betreffen, tragen also auch dazu bei, dass eine traditionelle, geschlechtsspezifische Raumaufteilung erhalten bleibt, selbst wenn heute niemand mehr den genauen Sinn und Zweck dieser Unterteilung kennt.

Indien
Mahlzeit im Kreis der Familie in Ladakh.

Exotische Kräutertees

In Tibet trinken Groß und Klein den ganzen Tag über Tee. Man muss sich jedoch erst einen gewissen Grad an Achtung verdienen, um eine zeremonielle Schale aus Messing, Silber, Porzellan oder Jade gereicht zu bekommen.

Kinder in aller Welt lernen, dass die Bedeutung von Tee, Kaffee, Mate oder Pflanzensud nicht allein in ihrer stimulierenden Wirkung liegt, sondern dass diese Getränke oft mit Riten verbunden sind, die den Tag strukturieren und auf Besinnung oder Gebet einstimmen sollen. Vielerorts sind sie ein Symbol der Gastfreundschaft.

Bei einigen Indiovölkern der Anden gehört zum Frühstück ein schwacher Kaffee: Die Kaffeebohnen werden samt den getrockneten Schalen mit Mehl gestreckt; zubereitet wird das Getränk in kleinen gezuckerten Bechern. Zum Mittagessen trinken alle Familienmitglieder ein Zuckerwasser, das lange mit Maisstärke und Orangen-, Minz- oder Basilikumblättern gekocht wurde. Während bei den meisten Völkern alkoholische Getränke für Kinder tabu sind, trinken die jungen Jivaros schon ab dem Alter von neun Jahren täglich zwei Liter des traditionellen Maniokbiers, das allerdings nur wenig Alkohol enthält und ihnen aufgrund seiner Frische und des Milchgeschmacks besser schmeckt als Wasser. Ihre Mutter stellt es her, indem sie Maniokwurzeln zu einer Paste zerkaut und diese dann in einen Kessel spuckt, wo sie fermentiert. Und bei einer passenden Gelegenheit wird ein Jivaro seinem Sohn das alte Sprichwort ins Ohr flüstern, wonach das Bier dann besser schmecke, wenn nicht eine alte Frau, sondern ein hübsches Mädchen den Maniok gekaut habe.

Die Kinder der Tenda in Guinea dürfen zwar erst spät vom Hirsebier probieren, aber sie lernen es zuvor als Opfergabe kennen, die sie regelmäßig mit ihren Eltern den Ahnen darbringen.

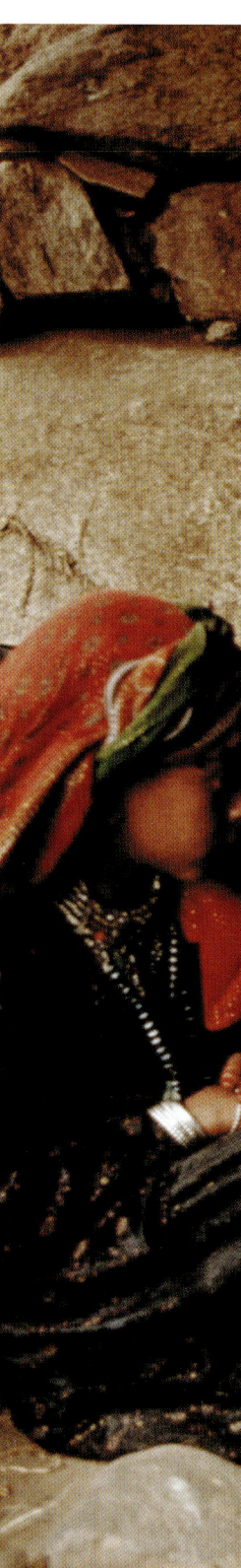

Tibet
Beim Teetrinken.

Jemen
Beim Zerstampfen von Kaffeebohnen.

Frisierkunst, sprechende Wickeltücher und Karibustiefel
Körperschmuck von Kopf bis Fuß

Wenn ein Kind ungefähr im Alter von zwei Jahren beginnt, seinen Körper als Einheit wahrzunehmen, nimmt seine persönliche Geschichte ihren Anfang.

Diese Geschichte ist aus den Erwartungen der Gemeinschaft gewebt, die es kleidet, unterweist und formt, damit es dem gewünschten Bild entspricht. Der Körper steht im Mittelpunkt der Erziehung, er ist Gegenstand vielfältiger Regeln bezüglich Hygiene, Kleidung, Schmuck und Bewegung. Bei den manchmal schmerzhaften und gewaltsamen Maßnahmen, die den Körper des Kindes gestalten sollen, verfolgen die Eltern das Ziel, die Integration des Kindes in die Gemeinschaft zu fördern. Jeder Körperschmuck hat seine eigene Bedeutung und soll die Anknüpfung an ein vergangenes Ereignis oder an den Glauben symbolisieren. Er weist jeden Einzelnen als Teil des lebendigen kollektiven Gedächtnis des Klans aus. Eine Vereinheitlichung der symbolträchtigen Ausstaffierung des Körpers wäre für jede Kultur das Todesurteil. So tragen die Bambara in Mali Ohrringe, um die Stimmen der Schutzgeister besser hören zu können und von ihnen erhört zu werden. Wenn dagegen bei den Samburu in Kenia ein Junge einen besonderen Ohrring am rechten Ohr trägt, handelt es sich um einen Talisman, der den Tod, der bereits einen seiner Brüder als Kind geholt hat, fern halten soll.

Jede Kulturgemeinschaft hat natürlich auch ihre Grundsätze und Tabus, was das Zeigen und Schmücken bestimmter Körperteile angeht. Und da der Körper der sichtbare Teil des Menschen ist, streben alle Kulturen danach, ihn auf ansehnliche Art zu präsentieren – nicht umsonst wird er oft als Spiegel der Seele bezeichnet.

Ghana
Bei einem Initiationsfest legen die kleinen Krobo-Mädchen die gleichen Wickeltücher an wie ihre großen Schwestern.

Das tägliche Bad

Für uns, die wir an fließendes Wasser gewöhnt sind, wäre es gewiss eine schwierige Umstellung, wenn uns nur eine einzige Kalebasse zum Waschen zur Verfügung stünde. In Afrika jedoch, insbesondere in Wüstenregionen, lernen die Kinder, schon um ihr eigenes Überleben zu sichern, die Kostbarkeit von Wasser zu schätzen, das die Frauen von dem oft mehrere Stunden Fußmarsch entfernten Brunnen holen.

Die Ethnologin Christine Buhan berichtet, dass die Bakoko in Kamerun ihren Kindern als Erstes beibringen, sich nach dem Aufstehen den Mund zu spülen und die Zähne zu putzen. Jeder Mahlzeit muss diese Reinigung vorausgehen. Saubere Zähne machen die Reinheit eines Menschen aus. Menschen mit Mundgeruch sind bei den Bakoko verpönt und werden mit dem Schimpfwort »fauliger Mund« geschmäht.

Die tägliche Körperreinigung ist festen Regeln unterworfen. Ein Junge darf erst im Alter von sechs Jahren zu der für die Männer bestimmten Waschstelle am Fluss. Bis dahin nimmt er gemeinsam mit seiner Mutter und seinen Schwestern dreimal am Tag ein Bad: sehr früh morgens, in der Mitte des Tages (jedoch nicht um zwölf Uhr mittags, der Stunde der bösen Geister) und abends.

Bei der Ankunft am Fluss wird das Wasser von Zweigen, welken Blättern und zu viel Sand gereinigt. Die Mütter wachen darüber, dass auch wirklich die Nase und die Haare nass werden. Sie bringen ihnen bei, möglichst lange ohne zu atmen unter Wasser zu bleiben und lehren die Mädchen auch eine Intimwaschung, indem sie mit beiden Händen Wasser zwischen ihre Beine spritzen.

Beim täglichen Bad erhalten die Kinder ebenfalls eine Lektion in Sittsamkeit – es kommt nicht in Frage, den Körper des anderen zu studieren. Sitzend oder stehend bespritzt oder übergießt man sich gegenseitig zuerst mit Wasser, reibt sich dann den Rücken mit einer Mischung aus Kräutern ab und säubert sich die Füße mit dem feinen Sand des Flussbetts. Nach der Rückkehr ins Dorf reibt man den Körper mit *minyinga*, einem Palmöl mit getrockneten, gerösteten Mandeln, ein, um die Haut zu beleben und geschmeidig zu erhalten.

Kenia
Kleiner Samburu beim Waschen.

Ghana
Eine Frau der Frafra wäscht ihr Kind vor dem Haus.

Die magische Kraft des Wassers

Ob Wunderquelle, Jungbrunnen oder heiliger Fluss – in allen Kulturen huldigt man der Magie des Wassers und seinen Heilkräften. Oft wird das Wasser als eine Gabe der Götter verehrt, die Körper und Seele reinigt und sonderbare Krankheiten heilt. So verwundert es nicht, dass in vielen alten Kulturgemeinschaften der Schamane auch der Hüter des Wassers ist.

Bei den Agni an der Elfenbeinküste werden die Mädchen schon im Babyalter darauf vorbereitet, von den Fetischistinnen, den Priesterinnen und Heilerinnen, in die Geheimnisse der Geisterwelt eingeweiht zu werden. Von Geburt an werden ausschließlich die Mädchen mit Amuletten geschmückt. Während sie mit einem Sud aus Pflanzen gewaschen werden, um den *bahiéfoué,* den bösen Geist, auszutreiben, der Krankheiten und Unfälle verursacht, rezitieren die in Weiß gekleideten Fetischistinnen rituelle Formeln. Es heißt, die Farbe Weiß beschleunige den Heilungsprozess und schütze vor gefährlichen, spirituellen Mächten, die einem den Verstand rauben. Nach und nach lernen die kleinen Mädchen in allem, was ihnen widerfährt, den Einfluss der Geister zu erkennen. Sobald sie etwas älter sind, beginnen die vier langen und schwierigen Jahre der Initiation. Dazu gehört auch, jeden Morgen fünf Waschungen vorzunehmen – unter Verwendung eines Suds aus der Rinde des Raviabaums, dem Zauberkräfte zugesprochen werden. In der Nacht stehen sie zweimal auf, um Mitternacht und um vier Uhr morgens, um sich an den Fuß dieses Baums im heiligen Wald zu begeben. Nach ihrer Lehrzeit wissen die Mädchen, an welchen Stellen im Wald jene Pflanzen zu finden sind, die Erbrechen, Bauchschmerzen, Unfruchtbarkeit oder unerkläliches Fieber heilen. Sie haben auch gelernt, welche Opfergaben den guten Geistern darzubringen sind, die ihre Geschicke lenken. Und obwohl die alten Frauen ihre Kräfte an die jungen weitergeben, bedarf es dennoch eines ganzen Lebens, um als Meisterin auf dem Gebiet des Hellsehens und der Heilkunst zu gelten.

Elfenbeinküste
Im Dorf der Fetischistinnen: Die Körper der kleinen Mädchen werden mit Pflanzensud abgerieben.

Nepal
Beim Entwirren der Haare.

Der Faden der Seele

»Wenn du die Vögel des Unglücks schon nicht daran hindern kannst, über deinen Kopf zu fliegen, so kannst du zumindest verhindern, dass sie in deinem Haar nisten.« Dieses alte chinesische Sprichwort verdeutlicht, dass von alters her das Haar als der Faden der Seele und als Widerschein der Persönlichkeit angesehen wurde. Man kann daher auch sagen, dass das Frisieren eines Kindes nicht nur sein Haar, sondern auch seine Persönlichkeit in die von der Gemeinschaft gewünschte Form bringt.

Ein rasierter Kopf, kurze oder lange Haare, Zöpfe, Büschel oder Tolle – die Gestaltung der Haartracht ist keine belanglose Handlung, mit der man irgendjemanden betraut, und auch die abgeschnittenen Haarbüschel sollte man nicht einfach liegen lassen. Laut Germaine Dieterlen, die sich ausführlich mit der Religion der Bambara beschäftigt hat, gilt es in Mali als gefährlich, wenn die Haare eines Kindes mit denen einer anderen Person vermischt werden, da auf diese Weise eine unauflösliche Seelenverbindung geschaffen werde. Sie zu verbrennen kann den eigenen Tod zur Folge haben, und deshalb ist es am besten, die abgeschnittenen Büschel in einem tiefen Loch in der eigenen Hauswand zu verwahren, damit sie nicht Gegenstand von magischen Handlungen werden können. Auch die Mütter der Babako in Kamerun verfahren auf diese Weise; außerdem bringen sie ihren Kleinen bei, immer auf ihren Urin zu spucken, um sich vor Verhexungen zu schützen.

Mali
Die Haare des Dogon-Mädchens werden für eine Zeremonie geflochten.

Der Initiationsschnitt

Das Haar ist ein Symbol für Kraft und Stärke. In den westlichen Ländern galt eine prächtige Haartracht lange Zeit als Attribut der Krieger und Könige. Einem Kind die Haare zu schneiden heißt, einen neuen Lebensabschnitt einzuleiten. Der erste Haarschnitt eines Babys steht für den Eintritt in das Kindesalter, und bei den Heranwachsenden wird damit der Übergang in die Erwachsenenwelt verdeutlicht.

Wir assoziieren mit einem kahl geschorenen Kopf oft Unterwerfung, Demut, ja sogar Demütigung, doch für die Samburu in Kenia ist er ein Zeichen der Mannbarkeit.

Bis zur Beschneidung gehören die Jungen der Kinderwelt an und tragen eine Art »Topfschnitt«. Einige Wochen vor ihrer Initiation wird ihnen dann der Kopf geschoren und nur eine kleine, kreisrund geschnittene Stelle Haare am Hinterkopf stehen gelassen. Daran wird für jedermann ersichtlich, dass sie von nun an Männer sind. Die Köpfe der Frauen sind auch rasiert und sie tragen darüber hinaus einen Kopfschmuck aus Perlen, Silbermünzen oder ziseliertem Metall.

Mali
Kleine Dogon-Mädchen mit Festtagsschmuck.

Indien
Region Orissa: Ein junger Bondo mit dem traditionellen heiligen Haarschopf.

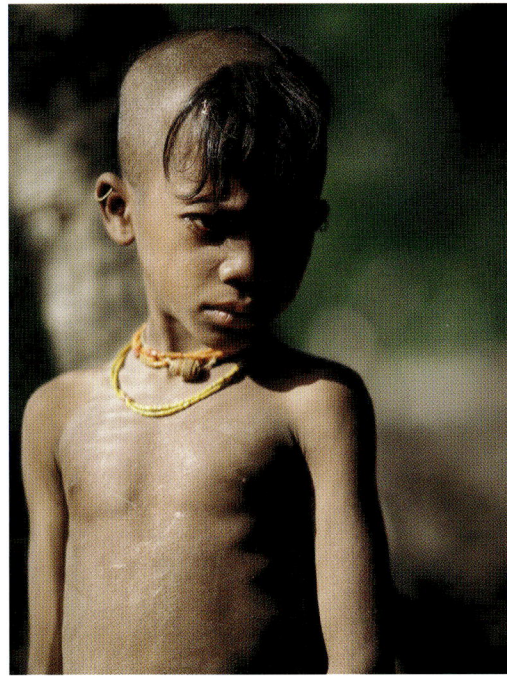

Kleine Buddhas

Für jeden Jungen des buddhistischen oder hinduistischen Glaubens ist die zeremonielle Rasur ein großes Ereignis. Sie versinnbildlicht seine Unterwerfung unter die göttliche Ordnung, seinen Verzicht auf materielle Freuden sowie die Aufgabe seiner selbst, um sich ganz dem Gebet, der Askese und der Meditation zu widmen.

Wenn in Birma die Eltern der Meinung sind, der Zeitpunkt sei gekommen, ihren Sohn in ein buddhistisches Kloster zu schicken, wird unverzüglich damit begonnen, die feierliche Zeremonie vorzubereiten, die durchaus die Ersparnisse eines ganzen Jahres verschlingen kann.

Bis zu dem Festtag ist es dem Jungen untersagt, zu schwimmen, auf Bäume zu klettern oder in Löcher zu kriechen, denn Mara, der buddhistische Teufel, geht um und versucht, die Zeremonie mit allen Mitteln zu verhindern.

An dem großen Tag wird das Kind in ein königliches Seidengewand gekleidet, und eine Prozession aus Familienangehörigen und Gästen zieht zur Buddhastatue in der Pagode. Dann kehren alle wieder zum Festplatz zurück, wo das Ereignis mit einem üppigen Mahl und der Musik einer kleinen birmanischen Kapelle begangen wird.

Am Ende des Abends geleiten die Eltern ihren Sohn für eine weitere Zeremonie zum Kloster. Der Junge hat jetzt die Festkleidung abgelegt und bittet, vor dem Abt hockend, um Aufnahme bei den Mönchen. Wird er angenommen, schert ihm ein Mönch den Kopf. Die Haare fallen in ein Tuch, das die Eltern halten. Wenn der Sohn den Kopf wieder hebt, ist er nicht wieder zu erkennen. Er wird gewaschen und in das safranfarbene Gewand der Mönche gekleidet. Nun darf er sich der Klostergemeinschaft anschließen.

Birma
Ein buddhistischer Mönch bei der Rasur eines Jungen, der in die Klostergemeinschaft aufgenommen wird.

Birma
Der geschorene Kopf symbolisiert Unterwerfung unter die göttliche Ordnung.

Indien
Zeremonielle Kopfrasur.

Die heiligen Haarsträhnen

In Nordindien legt ein Priester gemäß einem hinduistischen Ritus das günstigste Datum für die zeremonielle Kopfrasur eines Jungen zwischen drei und fünf Jahren fest. Die Tradition verlangt, dass seine Mutter zu diesem Anlass einen gelben Sari trägt. Nachdem die Mutter an die von ihr verehrte Göttin Gebete gerichtet hat, bricht sie im Geleit der anderen Frauen der Familie auf, um den Barbier des Dorfes darum zu bitten, ihr Kind zu rasieren. Ein besonderes Anliegen ist es ihr, dass er darauf achtet, keinesfalls die heilige Haarsträhne auf der Kopfmitte abzuschneiden. Die Tante väterlicherseits fängt die Haare in einem mit Mehl bestäubten Tuch auf und wacht darüber, dass kein Haar daneben fällt – ein böse gesonnener Mensch, der in den Besitz der Haare gelangt, könnte das Kind verhexen. Anschließend wirft die Tante die Haare in einen Fluss. Nach dieser Zeremonie gilt die Trennung des Jungen von der Mutter als vollzogen.

Die kleinen Mädchen sind von der Zeremonie nicht betroffen, aber manche Brahmanen warnen davor, ein Mädchen, dessen Haar noch nicht geschnitten wurde, während des Monsuns aus dem Haus zu lassen – es könnte vom Blitz getroffen werden.

Frisuren mit Botschaft

Es ist eine Sache des Vertrauens, sich von jemand anderem frisieren zu lassen. Wenn jedoch ein Meisterwerk aus feinen Zöpfchen geschaffen werden soll, bleibt einem keine andere Wahl.

Für die afrikanischen Frauen zeigt die Frisur ihre ethnische Zugehörigkeit an und betont zugleich ihre afrikanische Identität. Dies vermitteln sie auch ihren Töchtern. Das Prestige der Haartracht trägt zum allgemeinen Ansehen bei, und so üben schon die jungen Mädchen aneinander diese Kunst.

An der Elfenbeinküste beinhalten die Frisuren Botschaften wie: »Ich bin wohlhabend« oder »Mein Mann ist angesehen«, wobei heute vor allem kleine romantische Mitteilungen wie »Liebling, betrachte mein Gesicht« oder »Liebling, ich liebe dich« an der Tagesordnung sind, Kreationen, die von Coiffeuren der Hauptstadt Abidjan erdacht werden. Sie sind den jungen Mädchen, die bereits ausgehen dürfen, vorbehalten!

Das Flechten der Haare ist eine äußerst komplizierte Angelegenheit, und mitunter arbeiten mehrere Frauen zwei oder drei Tage an einer besonders aufwändigen Frisur. Einst gab es in den Dörfern eine professionelle Flechterin, die Frau des Schmieds, die für ihre Arbeit entlohnt wurde. Inzwischen wird sie nur noch bei großen Festlichkeiten gerufen. Oft macht eine Mutter ihrer kleinen Tochter nur einfach Zöpfchen, für die die Haarsträhnen verflochten werden, oder sie umwickelt eine dicke Haarsträhne mit einem glänzenden schwarzen Kunststofffaden oder Baumwollgarn, oder es entsteht eine Variation aus beiden, bei der der Haaransatz geflochten und die Spitzen umwickelt werden. Jede Kulturgemeinschaft beansprucht für ihre Haarkreationen bestimmte Bezeichnungen, die manchmal analog zu dem Vorbild der Frisur gewählt werden, wie zum Beispiel »Ananas«, »Kakaobohne«, »Furche« oder auch »Kakerlakenbauch«.

Niger
Festliche Zöpfe.

Eine vergängliche Krone

Sechs Stunden arbeiten die Frauen an dem Flechtwerk für diesen königlichen Kopfschmuck. Die atemberaubende Krone tragen die jugendlichen Shai bei der Offenbarungszeremonie, durch die sie in die Welt der Erwachsenen eingeführt werden. Die Festigkeit der falschen Zöpfe wird erzeugt, indem Schilfrohr mit einer schwarzen Kordel umwickelt wird. Am Vorabend der Zeremonie heißt es für die jungen Mädchen still halten, damit das Kunstwerk rechtzeitig zum Fest fertig wird. Glücklicherweise hält dieser vergängliche Kopfschmuck mindestens sechs Tage.

Zentralafrikanische Republik

Die Anfänge des Kunstwerks.

Aus schwarzen Kordeln und Schilfrohr wird die Krone gefertigt.

Ein Shai-Mädchen mit der vollendeten Festfrisur für die Initiationszeremonie.

Eine Lehrstunde im Frisieren

Schon früh muss sich ein Mädchen in Niger in Geduld üben, insbesondere wenn es darum geht, neu frisiert zu werden. Die Mutter löst zuerst die alten Zöpfe mit der Klinge eines kleinen Messers, dann wäscht sie das Haar und spült es mit einer Lotion aus Blättern, die es geschmeidig macht und glättet. Als Nächstes zieht sie mit einer Klinge aus Knochen oder Metall Linien oder Scheitel, wobei sie meistens in der Mitte beginnt. Die Haare der einen Seite werden verknotet, um nicht bei der Arbeit zu stören. Mit einem Holzkamm mit sechs bis neun Zähnen – früher verwendete man die Stacheln eines Igels – unterteilt sie das Haar der anderen Seite in regelmäßige symmetrische oder geometrische Bereiche. Elastische, schwarz gefärbte Pflanzenfasern, ähnlich dem Raffiabast, werden in die Haare eingewickelt oder geflochten und mit einem schwarzen Baumwollgarn an die echten Haare angeknüpft. Ebenso wird nun mit der anderen Seite verfahren.

Niger
Vor dem Flechten werden die Haare mit einer Klinge gleichmäßig gescheitelt.

Niger
Das Frisieren ist eine aufwändige Kunst, die manchmal mehrere Stunden dauert.

Eine Perücke aus Muscheln

Meistens lassen sich traditionelle und rituelle Feste auf Mythen zurückführen. Das Fest der Feste bei den Dogon ist das Sigui-Fest, das alle sechzig Jahre begangen wird und bei dem die Jungen bei den Ahnen Abbitte leisten. Dieses Ritual ist den Männern vorbehalten und dient der Initiation der Jungen, die zu diesem Anlass »Menschen des Buschs« genannt werden. Sie müssen hierfür die Geheimsprache, die Schöpfungsgeschichte der Dogon, die Riten und die daraus abgeleiteten Verbote lernen.

Am Tag des Sigui waschen sich die Jugendlichen, rasieren sich den Kopf und legen ein Festgewand an, zu dem ein Kopfschmuck aus mit Kauri besticktem weißen Baumwollstoff gehört. Darüber hinaus legen sie Ketten, Armbänder und Ohrringe an. Die noch nicht beschnittenen Jungen tragen nur einen mit Kauri geschmückten Stoffstreifen um die Hüfte, die kleinen Kinder einen ebenfalls mit Kauri verzierten Gürtel. Kauri erinnern in ihrer Form an das weibliche Geschlechtsorgan und symbolisieren sowohl Wohlstand – schließlich waren sie einst sogar Zahlungsmittel – als auch Fruchtbarkeit. Außerdem gelten sie als Talisman, vergleichbar mit dem Schmuck für andere Rituale, wie Masken oder kunstvolle Frisuren. In manchen Kulturgemeinschaften wird der Kaurischmuck gleichermaßen von Jungen und Mädchen getragen.

Elfenbeinküste
Kopfschmuck mit Kauri.

Die Kleidung hat das Wort

Wer nackt ist, hat keine Stimme, das ist nicht nur die Auffassung der Dogon, sondern aller westafrikanischen Völker. Nur unschuldige Kinder leben nackt, und ein gut gekleideter Mann ist ein ebenso respektierter wie ehrwürdiger Mann. Das zeigt deutlich, dass Kleidung nicht nur ein praktischer Schutz gegen die Unbilden des Wetters, sondern auch ein Symbolträger ist.

Die Art der Kleidung ist sehr aufschlussreich. In Mali gilt deshalb der Grundsatz, dass man die Kleidung seines Standes und seines Landes tragen soll – sie steht für die Identität und Persönlichkeit jedes Einzelnen. Eine Uniform dagegen führt, wie der Name schon sagt, zur Auflösung der Individualität zugunsten einer gleichförmigen Gemeinschaft. Das Einkleiden eines Kindes soll die Abgrenzung vom ursprünglichen Tierreich verdeutlichen und sein Äußeres gemäß dem gemeinsamen Kodex der Gruppe, zu der es gehört, formen.

Wenn auch die Kleidung der Tradition der jeweiligen Kultur sowie dem Wandel der Zeit unterworfen ist, so bestimmt das Geschlecht meist die Form, Farbe und Symbolik der Gewänder. Es ist noch gar nicht lange her, da kleidete man bei uns generell Mädchen in Rosa und Jungen in Blau: eine notwendige Unterscheidung von der ersten Garderobe an, um eine Vermischung der Geschlechter zu vermeiden und die gesellschaftlichen Normen zu stützen. Jedem Alter und jedem Geschlecht entspricht eine bestimmte Kleiderordnung – und nicht selten sind die Kleider der Kinder getreue Miniaturnachbildungen der Gewänder ihrer Eltern.

Birma
Sandalen mit Kordeln und Holzsohle.

Südafrika
Ein kleines Mädchen der Ndebele wurde für eine Hochzeitsfeier herausgeputzt. Es trägt an den Beinen und über einem Rock um die Taille dicke perlenbestickte Reifen.

Lendenschurz und Talismane

Das Verhüllen des Geschlechts scheint geschichtlich betrachtet zunächst mehr einem Schutzbedürfnis entsprochen zu haben als einem Schamgefühl. Forschungsergebnisse zeigen, dass die Bedeckung des weiblichen Geschlechtsorgans die Menstruationsblutung verbergen oder auffangen sollte. Sie war somit eine erste Maßnahme unserer Ahnen, Sicherheit zu gewährleisten: Das Blut auf dem Boden hätte sowohl wilde Tiere als auch die Angehörigen eines feindlichen Nachbarklans anlocken können. Noch heute haben in bestimmten Zivilisationen die unterschiedlichen Bedeckungen der Geschlechtsteile neben der Hygiene eine Schutzfunktion gegen okkulte Mächte, die nur darauf warten, über die kleinsten Öffnungen in den Körper einzudringen.

So färben die Waiapi in Guayana ihre *kalimbé* rot, eine aggressive Farbe, die nicht nur vor Insekten, sondern auch vor den bösen Flussgeistern schützt. Die Hamar im südöstlichen Äthiopien besetzen den ledernen Schurz der kleinen Mädchen zusätzlich mit Kauri, und die Ndebele in Südafrika besticken ihn mit bunten Perlen. In Nepal erhalten die Jungen zwischen sechs und zwölf Jahren bei einer rituellen Zeremonie einen Schurz als Zeichen der Männlichkeit.

Die Tatsache, dass man dem kleinsten aller Kleidungstücke eine so magische Wirkung beimisst, zeigt, dass man sich der Verwundbarkeit der Gruppe bewusst ist und die Nachkommenschaft sichern will, indem man das sexuelle Potenzial schützt.

Südafrika
Bei den Ndebele trägt man einen perlenbesetzten Lederschurz.

Kamerun
Die Geschlechtsorgane der Pygmäenkinder werden durch einen Schurz aus Pflanzenfasern geschützt.

Die Sprache der Wickeltücher

Ein Wickeltuch ist weit mehr als ein Stück Stoff, das um die Hüfte geschlungen wird. Alle afrikanischen Mütter wissen, was man alles aus diesen breiten Tüchern machen kann: zeremonielle Wickelröcke für Männer, Hemden für Jungen, Kleider für Mädchen, lange, eng anliegende Röcke und Korsagen mit Rüschen für elegante Damen …

Auf den Märkten Afrikas findet man eine bunte Auswahl an Stoffen, deren Farben und Motive vom Alltag der Frauen, von der Stadt oder der Natur inspiriert sind. Die Farben richten sich meist nach regionalen Traditionen: In Nigeria bevorzugt man Rot und Gelb, in Ghana Dunkelblau und in Benin Braun, doch das berühmte Indigoblau der gewachsten Baumwollstoffe *(wax)* ist Länder übergreifend beliebt. »*Wax* ohne Indigo ist wie Afrika ohne Kokospalmen.«

Wickeltücher begleiten einen Afrikaner von der Geburt bis zum Tod. Um ein Baby auf dem Rücken zu tragen, wird ein Tuch rechteckig gelegt, und die Enden werden vor dem Körper zweimal verknotet. Wenn ein Kind später weit entfernt vom heimatlichen Dorf zur Schule geht, gibt ihm seine Mutter als Schutz das Tuch mit, das sie trug, als sie ihr Kind noch stillte. Die kleinen Mädchen fühlen sich schon ein bisschen als Frau, wenn sie ein Wickeltuch anlegen. Ihre Mütter bringen ihnen nicht nur bei, das Tuch mit schnellen, präzisen Handgriffen um den Körper zu wickeln, sondern vor allem, seine Symbolsprache zu verstehen. Denn die Motive der Stoffe erzählen von den Einschnitten im Leben einer Frau, sie versinnbildlichen Hochzeit, Trennung oder auch eine Warnung an Rivalinnen.

Die jungen Mädchen verwenden Wickeltücher, um mit ihnen leicht zu entschlüsselnde Botschaften zu senden, zum Beispiel »Eifersucht«, »Ich laufe schneller als meine Rivalin«, »geschickte Frau«. Ein Tuch, das mit einem kleinen Vogel bedruckt ist, der aus seinem Käfig fliegt, nennt sich »Du gehst aus, ich gehe aus« und gibt flirtenden Männern zu verstehen, dass die Freiheit für beide Geschlechter gilt. Mit einem Wickeltuch kann man also für die Augen aller etwas klar zum Ausdruck bringen, was man sich sonst nur hinter vorgehaltener Hand zuflüstert.

Kenia
Durch einen Knoten im Nacken wird das Wickeltuch der kleinen Mädchen zum Kleid.

Ghana
Festtagsgewand.

Leben in Eis und Schnee

Für eine Inuit-Mutter ist es wahrlich eine Herausforderung, mit ihrem Kind an die frische Luft zu gehen, ohne dass es friert. Doch die Mütter dort fertigen bereits seit Tausenden von Jahren Kleidung aus Fell, in die sie ihre Kinder von Kopf bis Fuß einpacken: ob kleine Anzüge aus der Haut eines Seehundfötus oder aus weichem, Wasser undurchlässigen Leder des Karibus für die Neugeborenen oder dicke Mäntel und Stiefel für die älteren Kinder, die im Freien spielen möchten. Die Fertigung von Kleidung beruht bei den Inuit auf zwei Prinzipien: Isolierung und Erhaltung von Wärme.

Sie haben bereits dreihundert Jahre früher als wir verstanden, dass die Luft bestens isoliert, und begonnen, ihre Kleidung wie eine Doppelscheibe zu entwerfen, aus zwei Lagen mit einer wärmenden Luftschicht dazwischen. Als Material dient das Fell des Karibus, einer wilden Rentierart, die nicht nur ein Sommer- und Winterfell liefert, sondern auch Fleisch, Knochen und Werkzeug sowie Nähfäden, die aus den getrockneten Sehnen hergestellt werden. Auch Bärenfelle finden Verwendung, aber sie wiegen mehr, und die Jagd der Tiere ist gefährlicher.

Das Winterfell der Karibus wird für die Oberbekleidung verarbeitet; die Strichrichtung des Fells muss nach unten zeigen, damit der Schnee abgleiten kann. Das kurzhaarige Sommerfell dient für die Bekleidung, die auf der Haut getragen wird. Das Fell liegt auf der Haut, die Strichrichtung zeigt nach oben, damit der Schweiß abgeleitet wird.

Die Borte aus Fuchs- oder Wolfspelz, mit der die Kapuze eingefasst ist, soll das Gesicht vor Schneeflocken schützen und Schweiß kristallisieren, damit das Gesicht nicht einfriert. Um die dichte Vermummung im Falle eines dringenden Bedürfnisses problemlos öffnen zu können, arbeiten die Schneiderinnen ein raffiniertes Reißverschlusssystem ein.

Kanada
Kleiner Inuit mit wärmender Wolfsfellkapuze.

Kanada
Ein kleines Mädchen der Inuit spielt mit einem jungen Hund.

Nähstunde an dunklen Abenden

Die Kleidungstücke der kleinen und großen Inuit-Kinder sind äußerst genaue Maßanfertigungen. Jedes Jahr werden sie entsprechend angepasst oder neu gefertigt, damit sie nie zu weit oder zu eng sitzen. Dem geschulten Auge der Mutter und Schneiderin genügt dafür ein kurzer prüfender Blick. Die Kleidung ist jedoch nicht nur zweckmäßig, sondern wird darüber hinaus mit verschiedenfarbigen Fellapplikationen verziert, bei denen das Talent der Mutter zum Ausdruck kommt. Die Sommerkleider der Mädchen sind mit farbenfrohen Stickereien und Bordüren geschmückt.

An den langen, dunklen arktischen Abenden erlernen die Mädchen das Nähen. Wieder und wieder üben sie sich im Umgang mit der Nadel und bemühen sich, einen perfekten Stich auf einem Stück Fell auszuführen. Es bedarf viel Erfahrung, Geduld und Geschick, um eines Tages ein Paar einwandfreier Stiefel zu fertigen. Die kleinen Mädchen wissen, dass schon die kleinste undichte Stelle den Träger das Leben kosten könnte.

Für die Kinder ist es selbstverständlich, der Tradition entsprechend dem Rentier Respekt und Dankbarkeit zu zollen. Im Glauben der Inuit ist ein erlegtes Tier kein totes Tier, denn Seelen kann man nicht töten. Deshalb versieht eine Inuit-Mutter die Kapuze ihres Sohnes oftmals mit den Ohren eines Rentiers, damit dessen feines Gehör ihm hilft, ein guter Jäger zu werden und die Sprache der Natur zu verstehen.

Kanada
Bestickte Mäntel für die Übergangsjahreszeit.

Gürtelsymbolik

Marokko
Berbermädchen mit traditionellem Schmuck.

Ein Gürtel aus Wollkordel oder ein hübsch drapierter weißer Seidenstoff mit Stickereien oder Applikationen aus Leder oder Silber sind weit mehr als nur praktische oder festliche Kleidungsstücke: Sie sind Träger einer wichtigen intimen und sexuellen Symbolik, und so zeigt der Knoten eines Gürtels auf diskrete Weise: Der Körper eines jungen Mädchens verändert sich; sein Gürtel ist ein symbolisches Schloss.

Früher trugen die kleinen Mädchen in den Kabylendörfern ab dem Alter von sieben oder acht Jahren einen gewebten Wollgürtel, um ihr Kleid zusammenzuhalten, wenn sie ihren Müttern bei der Hausarbeit zur Hand gingen oder Wasser an der Quelle holten. Dieses schlichte Kleidungsstück stand für die Zugehörigkeit zur Frauenwelt mit all ihren häuslichen Pflichten. Wenn das Mädchen dann vor der Pubertät stand, übergab ihm die Mutter seinen ersten Webgürtel aus roter Wolle. Alle Familien hatten Angst, dass die Tochter vor der Heirat ihre Jungfräulichkeit verlieren könnte, und der Gürtel sollte der Dorfgemeinschaft die Unantastbarkeit des Mädchens verdeutlichen. Außerdem galt er dem Mädchen als beständige Warnung: Den Gürtel zu verlieren war gleichbedeutend mit dem Verlust der Ehrbarkeit. So knotete es den Gürtel und verschloss den Zugang zu ihrem Körper.

In dem Gürtel, der etwas zusammenhält, sehen manche Kulturgruppen auch ein Symbol, sich an etwas oder jemanden zu binden: das Band, das die Frau an ihren Mann oder ihr Haus bindet, das die Kinder an die elterliche Autorität knüpft. Bei manchen Völkern versinnbildlicht er sogar die Verbindung zu übersinnlichen Mächten, schützt gegen Verhexungen und ist darüber hinaus ein Garant für Fruchtbarkeit.

In Bhutan sehen die Mütter in einem Gürtel einen Ersatz für die Nabelschnur. Zum Schutz hängen sie manchmal einen Dolch als Zeichen der Mannhaftigkeit und Glücksbringer wie Muscheln daran. Ein kleines Glöckchen am Gürtel vertreibt böse Geister und verhindert, dass sich das Kind zu weit von der Mutter entfernt.

Bhutan
Schützender Gürtel mit
Muscheln und Glöckchen.

Festtagsschürzen

Seit Generationen fertigen die Frauen der Hmong in Südostasien mit unglaublichem Geschick und viel Fantasie aus einigen Stücken gekauften Stoffes, glänzendem Faden und einer kleinen Nadel wunderschöne Stickereien aus Kreuzstich. Die Kleidungsstücke sämtlicher Familienmitglieder, ob Mann oder Frau, Neugeborenes oder Erwachsener, werden auf diese Weise veredelt. Es heißt, jedes Kind werde von der »Göttin der Neugeborenen« auf die Welt geschickt. Eine werdende Mutter stickt an seiner Ausstattung und dem Tragetuch. Beim Tod eines alten Menschen wird sein Körper von den Kindern und Enkelkindern gewaschen und in speziell für diesen Anlass gefertigte, üppig bestickte Gewänder gehüllt. Aber besonders, wenn das traditionelle Neujahrsfest bevorsteht, übertreffen sich die Frauen selbst. Es ist ein wahres Fest der Stickereien! Sie tauschen die schwarzen Alltagsschürzen gegen ein Kunstwerk mit farbenprächtigen Applikationen ein. Selbst die kleinen Mädchen bekommen von ihren Müttern Imitationen der eigenen Schärpen mit roten, rosa- oder orangefarbenen Gürteln um den Bauch geknotet. Lange bunte Bänder fallen den Rücken herunter und flattern fröhlich im Wind, wenn die Mädchen spielen. Oft wird das Gewand von bestickten Gamaschen aus dreieckigen schwarzen Stoffstücken ergänzt, die das Bein vom Knie bis zur Wade bedecken. Die Krönung des Festtagsstaates ist ein schwarzer Turban, der zwei- bis dreimal auf dem Kopf gerollt wird und manchmal mit roten oder rosafarbenen Pompons geschmückt ist.

Die Gürtel der Männer sind aus schwarzem Stoff und bis zu sechs Metern lang. Für einen Hmong-Jungen ist das Knoten eine ebenso komplizierte Angelegenheit wie hierzulande das erste Binden einer Krawatte. Es gibt eine spezielle Technik, den Gürtel so zu drapieren und zu fädeln, dass die beiden bestickten Stoffenden vorne genau auf die gleiche Höhe fallen.

Thailand
Mädchen mit bestickten Schürzen.

Laos
Gürtel und Gewänder der Hmong zu Ehren des Neujahrsfestes.

Prunkvolle Hauben

Laos
Haube mit Troddeln, Metallkette, gefärbten Federn und dem Fell eines Gibbonaffen.

Laos
Kopfschmuck der Kopheng.

Es liegt auf der Hand, dass sich das Tragen von Hut, Haube und anderen Kopfbedeckungen, das seit Tausenden von Jahren in allen Kulturkreisen Tradition ist, nicht ausschließlich als Schutz gegen Kälte oder Hitze erklären lässt. Überall auf der Welt soll das Gehirn, als »Sitz« von Intelligenz und Gedächtnis, sowohl vor schlechten Gedanken als auch vor bösen Geistern geschützt werden.

Der Kopfputz ist außerdem ein Zeichen der Gruppenzugehörigkeit und muss je nach Kultur bei weltlichen oder religiösen Zeremonien wie Investitur, Initiation oder Thronbesteigung getragen oder abgenommen werden.

Die Akha in Laos entwickelten sich beim Fertigen der traditionellen Festtagskronen zu wahren Künstlern des Goldschmiedehandwerks. Ein altes Sprichwort der Akha sagt: »Vernehmt die Sitten mit beiden Ohren und gehorcht ihnen. Betrachtet die Stickereien mit beiden Augen und ahmt sie nach.« Man könnte noch den Kopfschmuck hinzufügen. Perlen, Knöpfe, Ketten, Körner, Stoffbänder, gefärbte Federn oder das Fell von Gibbonaffen – alles kann in die fantasievollen Hauben der kleinen Mädchen eingearbeitet werden. Je älter sie werden, desto aufwändiger und auch wertvoller werden die Ausschmückungen der Hauben. Wenn sie in die Pubertät kommen, legen sie ihren Mädchenschmuck ab und tragen von da an den Kopfputz der erwachsenen Frauen.

Zahl und Art der Verzierungen geben Aufschluss über den Wohlstand der Familie. Manche kostbaren chinesischen Glasperlen werden bis heute von Generation zu Generation, von der Mutter an die Tochter, weitergegeben. Inzwischen ersetzen aber oft Aluminium und Plastik das Silber – aus Angst vor Diebstahl, aber auch, weil die Hauben der Vorfahren oft verkauft wurden, um die Familie zu ernähren.

Vergänglicher Körperschmuck

Ohrringe, Hauben mit Troddeln oder zu Zöpfen geflochtene Haare sind eine Art, den Körper seines Kindes zu schützen und zu schmücken.

In Afrika, bei manchen Indiostämmen des Amazonasgebiets, aber auch in Australien oder Neuguinea erfüllt oft die Bemalung diesen Zweck. Ihr Ursprung liegt ebenfalls im spirituellen, rituellen und politischen Bereich der jeweiligen Kultur.

Die Bemalung stellt einen Kompromiss zwischen der dauerhaften Tätowierung und dem Schmuck dar, den man ablegen oder verändern kann. Sie soll einen Lebensumstand und einen Einschnitt im Leben des Kindes oder des Erwachsenen verdeutlichen.

Kindern in der ganzen Welt werden schwarze, weiße oder bunte Zeichnungen auf die Haut gemalt, je nachdem, welche symbolische Bedeutung einer Farbe zugeordnet wird. In weiten Teilen Afrikas gilt Schwarz als die Farbe der Reife, das Weiß von Knochenstaub und Kaolin steht für das Jenseits und Rot für die Initiation.

Je nach Umgebung variieren die verwendeten Färbemittel. Jean-Thierry Maertens hat ein kleines Verzeichnis erstellt und kam zu dem Ergebnis, dass die meisten Zivilisationen eine Osmose mit der Erde anstreben.

Die Farbe wird mit den unterschiedlichsten Hilfsmitteln aufgetragen: mit der Hand und den Fingern, einem zugespitzten Zweig, einem Dorn, einem Bambusspan oder einer Vogelfeder. Für die Mischung der Farben hat jedes Volk seine eigenen Rezepturen und Ingredienzien: pflanzliche Pigmente, Ruß, Henna, Schwefel, Pflanzensäfte oder sogar Schießpulver.

Kamerun
Ein Pygmäenvater bemalt sein Kind mit einem Zweig.

Die Farbe von Fruchtbarkeit und Mut

Sollte man mit der Farbe Rot Krankheiten heilen können? Bei den Önge auf den Andamanen, einer Inselkette in Südostasien, gilt eine Mischung aus Schildkrötenfett, Honig und rotem Ocker als das beste Mittel, um Krankheiten und Skorpione fern zu halten; außerdem hält diese einfache Creme die Haut geschmeidig und beugt der Narbenbildung vor. Für Neugeborene wie für Erwachsene gehört sie zur alltäglichen Körperpflege.

Auch die Papua in Neuguinea sind überzeugt, dass die Farbe des Blutes und der Lebenskraft die Gesundheit erhält. Sobald ein Kind krank wird, reibt man es deshalb mit rotem Ocker ein.

Das Volk der Mendi, das in derselben Region beheimatet ist, befragt die Orakel mithilfe von rituellen Zeichnungen, die auf das Gesicht eines kleinen Mädchens aufgetragen werden: Die eine Seite wird mit Holzkohle und Palmöl geschwärzt, die andere mit rotem Rost eingerieben, den man aus gebranntem Ton gewinnt. Die schwarze Gesichtshälfte symbolisiert die spirituelle Zukunft der Gemeinschaft, die rote ihren zukünftigen wirtschaftlichen Erfolg. Wenn das Mädchen tanzt und sich dabei die Farben mischen, gilt das als ein schlechtes Omen.

Für einen jungen Massai ist dagegen ein rot bemalter Schädel Anlass zu stolzer Freude, bedeutet diese Bemalung doch, dass er in die Gruppe der Krieger aufgenommen wurde und die *eunoto* genannte Initiationszeremonie überstanden hat. Bei diesem Ereignis reiben sich alle Jungen den Körper und die Haare mit einer leuchtend roten Farbe ein. Diejenigen unter ihnen, die bereits ein großes Tier gejagt und erlegt haben, dürfen diesen Schmuck während der gesamten Zeremonie behalten. Am vierten Tag rasieren die Mütter ihren Söhnen den Kopf und bemalen ihn erneut rot. Diese Rituale sollen allen zeigen, dass der Junge ab jetzt an der Weisheit der Ahnen teilhat.

Bei vielen Völkern kennzeichnen rote Körperbemalungen den Übergang zum Erwachsenenalter und der Geschlechtsreife. Bei den jungen Mädchen symbolisiert Rot Fruchtbarkeit, bei den Jungen Mut.

Papua-Neuguinea
Rituelle Bemalung.

Laos
Das kleine Mädchen ist für den Neujahrstag festlich gekleidet und geschminkt.

Gemalte Kleidung

Muscheln um den Hals, Tukanfedern an den Ohren, ein Diadem aus Adlerdaunen – das sind selbstverständliche Accessoires für einen jungen Xingú-Indianer aus dem brasilianischen Mato Grosso. Doch vor allem darf er nicht vergessen, seinen Körper rot zu bemalen, bevor er in den Dschungel aufbricht, denn das wäre in etwa so, als würden wir nackt auf die Straße gehen. Außerdem ist die Bemalung ein wirksamer Mückenschutz. Die wichtigste Zeremonie nennt sich *karuap* und findet Ende August nach den ersten Regenfällen statt. Alle Xingú-Familien der Region kommen zu diesem Fest zusammen, um der Toten des vergangenen Jahres und der Ahnen zu gedenken. Gleichzeitig werden einige Jugendliche in die Welt der Erwachsenen aufgenommen und dürfen sich von da an ebenfalls täglich mit der roten Bemalung schmücken. Im Morgengrauen finden sich alle auf einer Lichtung ein, um den Saft aus den Beeren des Annatostrauches, den *urucu,* zu pressen und sich damit den Körper zu bedecken. Oft zeichnet man geometrische Motive, die mit Kohlenschwärze betont werden. Danach werden die Zeichnungen mit Baumsaft und Fruchtöl bedeckt, wahrscheinlich um sie zu fixieren und ihnen Glanz zu verleihen.

Die Väter schneiden sich dann mit einem Haifischzahn in die Haut: Die Xingú glauben, dass dieser Aderlass den Körper stärkt. Schließlich bemalen und dekorieren sie die Bäume des Waldes mithilfe von Federn, um die Verstorbenen darzustellen. Mit Gesängen und Tänzen klingt das Fest erst spät in der Nacht aus.

Die kleinen Kinder dürfen nur zu Anlässen wie diesem die Farbe Rot tragen und müssen ansonsten warten, bis sie im jugendlichen Alter für reif genug gehalten werden, die tiefere Bedeutung der Bemalung zu verstehen; erst dann dürfen sie sich auch im Alltag damit schmücken.

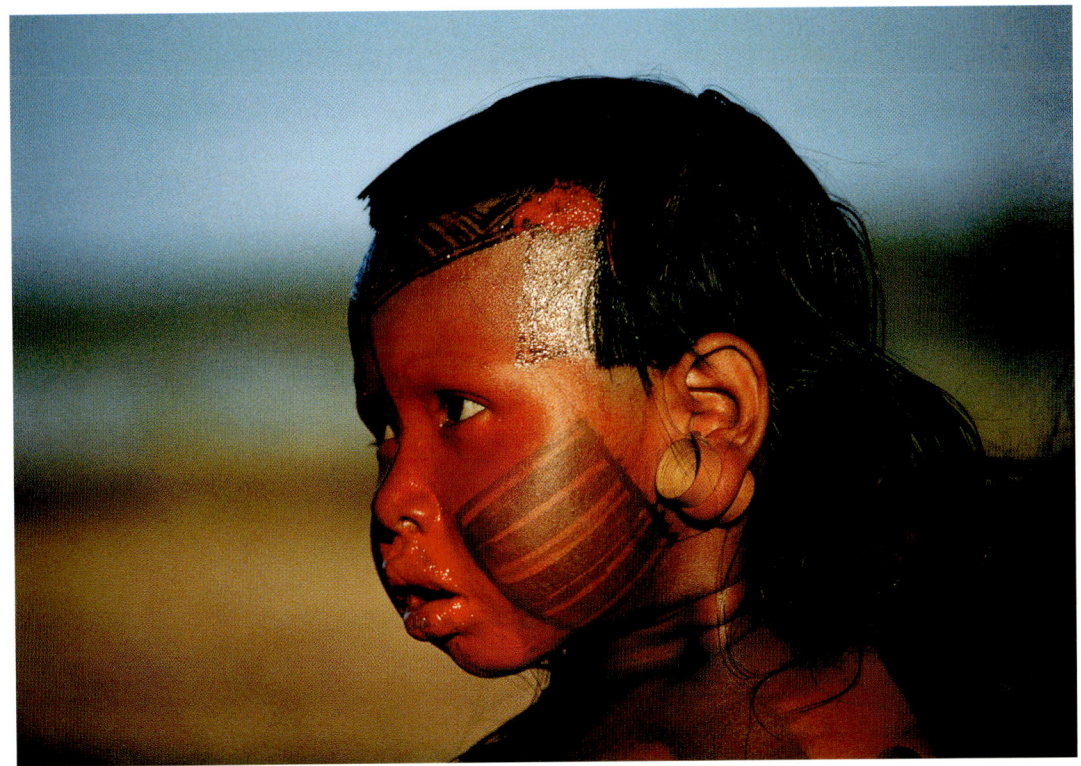

Brasilien
Der bemalte Kopf eines Xingú-Indianers.

Brasilien
Dieser kleine Junge darf die rote Bemalung nur zu Festtagen tragen.

Gewürze auf der Haut

Unsere Großmütter kannten noch all die Kräuter und Pflanzen der Felder, mit denen man kleinere Beschwerden heilen und den Körper pflegen kann: Rote-Bete-Saft für rosige Wangen, Wegerich gegen Verbrennungen durch Brennnesseln oder Mandelöl gegen trockene Haut.

Im Jemen greifen die Mütter häufig zu ihren Gewürzen, um die Kinder zu heilen. Als Sonnencreme dient ihnen beispielsweise eine frisch gestampfte Paste aus Kurkuma, der Gelbwurz.

Diese Wurzel aus der Familie des Ingwers ist auch in ganz Asien sehr beliebt. Kurkuma und Safran würzen indische Currys, dienen als Farbstoff für die Gewänder buddhistischer Mönche oder sind die Basis für Kosmetik. Das Gelbrot ist zum Sinnbild eines ganzen Kontinents geworden und gilt als Farbe des Glücks, der Gottheiten und der Macht.

Indische Eltern, die um das Wohl ihrer Kinder besorgt sind, versichern sich, dass ihr Kind immer einen mit Kurkuma gefärbten Stoffstreifen zwischen den Falten seiner Kleider trägt.

Einst schätzte man dieses pflanzliche Pigment auch bei der Bekämpfung von Krankheiten, insbesondere von Gelbsucht.

Birma
Die Farbe Gelb – Symbol von Glück und Macht.

Birma
Festbemalung.

Schwarze Magie

Mit der Farbe Schwarz assoziieren wir Hexerei, Tod und das Böse. Aber gerade weil sie Furcht hervorruft, wird sie für Körperbemalungen verwendet, um den okkulten Mächten mit ihren eigenen Waffen entgegenzutreten.

So schminken die jemenitischen Mütter ihren Töchtern und Söhnen anlässlich des Aid-el-Kebir-Festes, des muslimischen Opferfestes, und bei Hochzeiten zum Schutz gegen den bösen Blick die Augen mit Khol (Kajal): Einfache Linien oder auch dicke Ringe um die Augenpartie verwandeln ein Gesicht in die Maske eines abstoßenden Nachtvogels.

In Nordafrika mischen die Frauen das *hargous*, eine Paste aus zerstampften Galläpfeln, Ruß, verbranntem Oleander und Öl, um damit ihren Töchtern abschreckende Motive zwischen die Augenbrauen und auf das Kinn zu malen.

Indischen Kindern schwärzt man die Konturen der Augen als Schutz gegen Zauberei. Deshalb mischt man auch etwas Kohle in ihre Milch.

Jemen
Ein Kind wird mit Khol für ein Hochzeitsfest geschminkt.

Jemen
Eine Furcht erregende Gesichtsbemalung schützt vor dem bösen Blick.

▶▶
Namibia
Oryx-Maske.

Papua-Neuguinea
Für eine Feierlichkeit malen sich die Kinder ein Skelett auf den Körper, um besser mit den Geistern der Ahnen in Kontakt treten zu können.

Magische Zeichen mit weißem Puder

Kaolin, die Porzellanerde, ist auf allen Kontinenten zu finden und hat die Farbe von Licht, Mond, Mehl, Muttermilch und Sperma. Das makellose Weiß gilt bei vielen Völkern als äußerst kostbar, und so überrascht es nicht, dass die Eltern damit den Körper ihrer Kinder für besondere Zeremonien schmücken.

Für die Igbo in Nigeria ist Kaolin das Symbol der Gastfreundschaft, mit dem auch ein neugeborenes Baby begrüßt wird. In Papua-Neuguinea dient es der Kommunikation mit den Ahnen. Das gesellschaftliche Leben wird in diesen Kulturen von mehreren rituellen Zyklen bestimmt. Im Alter von sechs oder sieben Jahren lernen die Kinder, sich ein Skelett auf die Haut zu zeichnen, um den Segen der Verstorbenen zu erhalten. »Das Auftragen von Pigmenten auf die Haut soll die Eingebundenheit in den Kosmos verkörpern und helfen, das Gleichgewicht des Universums zu erhalten oder wiederherzustellen. Die Verwendung von Kaolin bindet den Einzelnen an die Mutter Erde, aus der alles Leben hervorgeht, und an den Ozean, der aus dem Sperma und Blut der ursprünglichen göttlichen Paarungen entstanden ist«, erklärt Anne Varichon, eine Expertin für die Verwendung von Farben in aller Welt.

Mit den auf die Haut gemalten Symbolen wird sich ein Kind sehr schnell des spirituellen Lebens und der Notwendigkeit, seine Ahnen milde zu stimmen, bewusst.

In Afrika gilt Kaolin als Vermittler zwischen den Lebenden und den Seelen der Vorfahren. Um seine Heilkraft noch zu steigern, holt man es bevorzugt aus Grotten oder unwegsamen Gegenden, denn es heißt, die Geister zögen sich dorthin während der Regenzeit zurück.

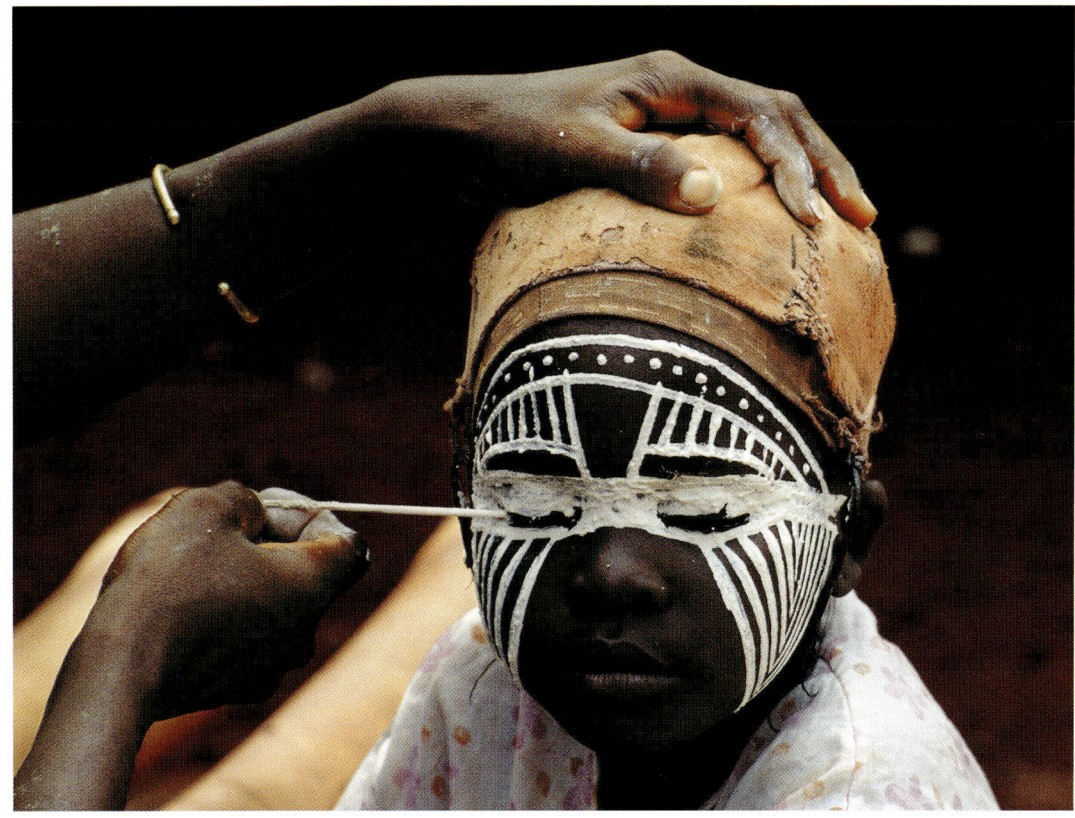

Elfenbeinküste
Kaolinbemalung.

Eine Rüstung aus Kalk

Das Zusammenleben afrikanischer Hirtenvölker wie der Surma und der Karo in Äthiopien oder der Dinka im Sudan basiert auf der Einteilung in Altersklassen. Das Leben der Männer ist in drei Phasen unterteilt: Kind, Krieger, alter Mann; das Leben der Frauen dagegen nur in zwei: Kind und Frau. Der Wechsel von der einen in die nächste Altersklasse wird mit einer Zeremonie begangen, bei der man den Körper der Initianden je nach Alter und Geschlecht mit bestimmten Motiven schmückt.

Das alljährliche Donga-Fest wird bei den Surma abgehalten, um die Kraft und den Mut der heranwachsenden Jungen zu feiern. Die Dorfgemeinschaften treten dabei im Stockkampf gegeneinander an: Man muss schnell und gewandt sein, um den Stößen mit den zwei Meter langen Stangen auszuweichen. Vor dem Kampf malen sich alle Teilnehmer mit Kalk und Wasser ein Netz aus Linien auf den Körper. Die Zeichen stehen für die jeweilige Dorfgemeinschaft und sollen vor allem den Gegner beeindrucken. Sie stellen außerdem eine Art symbolische Rüstung gegen Schläge auf den Kopf, die Arme und die Schultern dar. Für einen jungen Mann sind diese Kämpfe ein herausragendes Ereignis des gesellschaftlichen Lebens. Hier kann er Aufmerksamkeit auf sich lenken und ein Mädchen beeindrucken, das er später vielleicht zur Frau nimmt.

Darüber hinaus dienen die Kämpfe dem Spannungsabbau zwischen den einzelnen Dörfern, stärken das Zusammengehörigkeitsgefühl, und die Kinder lernen spielerisch den Umgang mit Kreide und Pigmentfarben.

Äthiopien
Die Kinder der Surma üben sich bei festlichen Gelegenheiten in der Körperbemalung.

Äthiopien
Diese Zeichnungen stellen eine symbolische Rüstung dar. Die Surma malen sie sich anlässlich der alljährlichen Stockkämpfe auf den Körper.

Venezuela
Yanomami-Mädchen mit schmückenden Holzstäbchen.

Häutungen

Sollte der kleine Kayapo-Junge mit einer Schlange verwandt sein? Nahmen sich seine Eltern vielleicht unbewusst die Häutung der Eidechsen, Warane und anderer Reptilien des Amazonasgebiets zum Vorbild? Denn einem Hautwechsel kommt es gleich, wenn mit jedem neuen Altersabschnitt der Körper eines Kindes mit einer anderen Farbe oder einem neuen Schmuck herausgeputzt wird.

Nach seiner Geburt gehört ein Baby zur Altersgruppe der »kleinen Menschen« und ist – egal ob Junge oder Mädchen – der wohl am prächtigsten geschmückte Kayapo des Waldes. Das erst wenige Tage alte Kind hat bereits mit roten Holzstücken versehene Ohrlöcher; ist es ein Junge, hat man ihm auch die Unterlippe durchstochen und mit Glasperlen verziert. Sein Körper ist vollständig mit vielfarbigen linearen Motiven bedeckt.

Mit spätestens drei Jahren, wenn er läuft, redet und allein isst, wird der Junge auf einen neuen Zeitabschnitt vorbereitet: Man nimmt die Ohrringe ab, schneidet ihm die Haare kurz und beschränkt die Körperbemalung auf breite rote und schwarze Streifen. Er gehört jetzt zu denen, »die kurz davor stehen, in das Haus der Männer einzutreten«. Die Spiele mit den Mädchen sind nun vorbei, es ist an der Zeit, ein Mann zu werden.

An seinem achten Geburtstag findet eine ganz besondere Zeremonie statt. Ein Mann, der für ihn eine Art Adoptivvater wird, holt ihn ab und führt ihn auf den Dorfplatz. Dort wird der Junge von Kopf bis Fuß schwarz angemalt und in sein neues Heim, »das Haus der Männer«, geführt. Er wird nicht mehr in sein Elternhaus zurückkehren und von nun an außer zu Festen nur noch eine einzige Farbe auf dem Körper tragen.

Die Frauen der Kayapo sind diesen Ritualen nicht unterworfen, denn sie verbleiben im elterlichen Haus. Sie dürfen sich also weiterhin mit vielfarbigen Ornamenten schmücken und diese Tradition bei ihren eigenen Babys fortsetzen.

Guayana
Festbemalung.

Traumzeit

Die Ornamente, mit denen der Körper eines Kindes geschmückt wird – egal ob Striche, Rauten oder Punkte –, sind immer im Hinblick auf den jeweiligen Anlass gewählt.

Um die Bedeutung der Kaolin-Zeichnungen auf dem Körper der Initianden im australischen Arnhemland zu verstehen, muss man sich in der mindestens fünfzigtausend Jahre alten Kosmogonie der Aborigines auskennen. Für die Ureinwohner hat die Weltordnung ihren Ursprung in der Traumzeit. Alle Lebensformen und Landschaften wurden von den Ahnen der Schöpfung, die halb Tier und halb Pflanze sind, geschaffen. Einst huldigte jede Volksgruppe der Aborigines einem dieser Ahnen in Form eines Totem. Besonders verehrt wurde das Totem der Schlange, die sich am Ende einer Zeremonie in Form eines Regenbogens zeigen sollte.

Nach ihrer brutalen Kolonisierung versuchen manche Aborigines heute, ihre Traditionen wieder aufleben zu lassen, indem sie ihre Kinder in die Geheimnisse der Geisterwelt einweihen.

Wie in früherer Zeit finden die Zeremonien am Ende der Regenzeit in der Nähe von Wasserlöchern, Grotten und Felsen statt, den letzten Orten, an denen noch die Anwesenheit der Ahnen der Schöpfung spürbar ist.

Die Initiationsriten sollen auch das Wachstum von Pflanzen und Tieren fördern. Wenn die Jungen zwölf Jahre alt sind, zeichnen sie sich die Sinnbilder ihres Stammes-Totems auf den Körper. Sie werden jedoch nicht willkürlich aufgemalt, denn durch die Vibrationen, die von den geometrischen Formen zwischen Herz und Bauchnabel ausgehen, kann ein Band zwischen der Erde der Menschen und der Traumzeit geknüpft und die Trockenheit der Wüste gelindert werden.

Für die Aborigines ist das Erwachsenwerden gleichbedeutend mit der Fähigkeit, die spirituelle Kraft der Ahnen der Schöpfung geistig und auch über ihre Körperzeichnungen wahrzunehmen.

Australien
Kleiner Aborigene mit aufgemaltem Totem-Symbol.

Jemen
Hennazeichnungen.

Schützende Tätowierungen

Heute malt man sich in Marokko Ornamente mit Henna, Symbol der Freude und der Segnung, auf die Haut, um bei Festlichkeiten vor Verhexungen geschützt zu sein; lange Zeit aber tätowierten die Berberfrauen ihre Kinder mit dem Ruß, den sie von der Unterseite ihrer Kessel abkratzten.

Die unvergänglichen Zeichen galten als wirksame Abwehr von Neidern und Dschinns, den bösen Geistern, die sich mit Vorliebe Kranke, Greise und Kinder als Opfer wählen. Insbesondere die Körperöffnungen, die Extremitäten, die Augen und die Füße mussten geschützt werden. Die Füße deshalb, weil die Dschinns ansonsten mit dem in Fußabdrücken hinterlassenen »Stückchen Seele« ihr Unwesen treiben könnten.

Die Techniken der Tätowierkunst wurden von der Mutter an die Tochter weitergegeben. Der jeweilige sinnbildliche Name eines tätowierten Symbols richtete sich nach der Platzierung des Ornaments: »Zeugt gegen ihn« oder »Der mit dem Auge zwinkert« für Symbole zwischen den Augenbrauen; »Die die Witterung aufnimmt« auf der Nase; »Kleine Schlange« auf dem Handgelenk.

Kreuze, Punkte, Geraden oder Dreiecke sind heutzutage neben Dattelarabesken und stilisierten Palmwedeln – Sinnbild der Fruchtbarkeit – die beliebtesten Embleme. Lange Zeit ging man davon aus, dass die vielen verschiedenen Familienklans und Gemeinschaften der in ganz Nordwestafrika – unter anderem in Marokko, Mali und Niger – verstreut lebenden Berbervölker sich mithilfe der Tätowierungen voneinander unterscheiden wollten. Aber diese Vermutung wurde nie bestätigt.

Ohrstöpsel

Bis zum Übergang in die Erwachsenenwelt und der endgültigen Integration in den Klan durchleben Kinder zahlreiche Veränderungen, die optisch mit den verschiedensten Zeichen kenntlich gemacht werden: Ihre Haut wird durchbohrt, eingeritzt oder auch tätowiert.

Der Initiationszyklus der Massai in Kenia zieht sich über fünfundzwanzig Jahre hin, und jede neue Phase gibt Anlass zu einer Zeremonie, bei der der Körper um ein weiteres Stück verändert wird.

Sieben Jahre vor der Pubertät werden den Kindern die Ohrläppchen durchstochen und langsam mithilfe von Holzstöpseln in die Länge gezogen. Im jugendlichen Alter, wenn die Löcher bereits einen Durchmesser von mehreren Zentimetern, jedoch immer noch nicht ihre endgültige Größe erreicht haben, findet für die Jungen eine besondere Zeremonie statt, zu der der Sohn das erste Mal seinen Vater um ein Rind für sich selbst bitten darf.

Der Junge verbringt dann vier Tage mit Gleichaltrigen in einem abgeschiedenen Lager und teilt mit ihnen das Fleisch. Die anderen fertigen eine Reihe von Holzstöpseln und dehnen seine Ohrlöcher mit immer größeren Exemplaren. Diese werden jedoch nur selten in der Öffentlichkeit getragen und später durch Ohrringe ersetzt.

Diese Tage geben dem Jungen Gelegenheit, sich mit seinen Altersgenossen auszutauschen; er wird in das Heer der Massai-Krieger eingegliedert. Mit Ablauf der viertägigen Zeremonie endet die Abhängigkeit des Sohns vom Vater, und er hat von nun an Erbansprüche auf die Herde.

Das schrittweise Dehnen der Ohren symbolisiert das Heranwachsen eines Jungen zum jungen Mann. Ist diese Prozedur einmal abgeschlossen, wird er sich rühmen dürfen, den Beinamen »Der Hörende« zu tragen.

Kenia
Mit immer größeren Holzstöpseln wurden auch die Ohren dieser jungen Massai-Mädchen gedehnt.

Birma
Das kleine Karen-Mädchen bekommt eine neue Messingspirale angelegt.

Der Giraffenhals

Manches siebenjährige Mädchen hat wirklich einen schweren Schmuck zu tragen, besonders im östlichen Birma und jenseits der Grenze in Thailand. Inzwischen beharren viele Mütter der Karen nicht mehr darauf, ihren Töchtern die vergoldeten Messingspiralen anzulegen, die sie selbst schon von klein auf um den Hals tragen mussten. In traditionsgeprägten Familien wird den Mädchen im Alter von fünf Jahren die erste Spirale angelegt und einige Monate später eine größere. Diese Prozedur setzt sich bis ungefähr zum 18. Lebensjahr fort. Der Hals kann so auf eine Länge von fünfundzwanzig bis dreißig Zentimetern gestreckt werden. Es ist fast unmöglich, den Schmuck dann noch einmal abzulegen, denn die Muskeln haben sich verformt und könnten das Gewicht des Kopfes nicht mehr tragen.

Es heißt, der ursprüngliche Sinn dieses Kolliers sei es gewesen, die Frau vor Tigerbissen zu schützen. Und im Falle eines Ehebruchs hätte der betrogene Mann es seiner Frau abgenommen, um sie sterben zu lassen. In Wahrheit kann man die Tradition auf die Mythologie der Karen und ihren Schutzdrachen zurückführen, der an Hals, Beinen und Taille mit Ringen geschmückt ist. Die Halsringe sind eine Art schützendes Emblem der Volksseele der Karen.

Eine Sage erzählt, dass ein Vater einst seine Söhne aufforderte, einen Platz zur Errichtung ihres Dorfes zu suchen. Nachdem sie durch den Dschungel gelaufen waren, kennzeichneten sie schließlich ein Gebiet mit einem Golddraht. Als sie schon bald von Eindringlingen vertrieben wurden, konnten sie auf ihrer Flucht nichts mitnehmen als den Golddraht, den sie sich um den Hals wickelten. Da dieser ihnen jedoch im Kampf hinderlich war, baten sie ihre Frauen, ihn zu tragen. Auch nachdem der Friede wiederhergestellt war, zankten sich die stolzen Frauen noch, welche unter ihnen das Symbol des Stammes tragen dürfe.

Thailand
Ab dem fünften Lebensjahr tragen die Mädchen der Karen diesen Halsschmuck.

Aufbruch zu neuen Ufern
Heim, Familie und das große Unbekannte

Für alle Kinder kommt die Zeit, da sie selbstständig werden müssen, bei den einen früher, bei den anderen später. Bei den Dogon etwa werden Kindern nicht lange bemuttert, da sie sonst verweichlichen und träge werden. Vor dem Hintergrund der bereits innerhalb oder außerhalb der Familie gemachten Erfahrungen beginnt ein Kind sowohl seine räumliche Umgebung zu erkunden als auch seinen Platz in der Gemeinschaft zu suchen, wobei ihm dabei je nach Geschlecht unterschiedliche Bereiche offen stehen.

Mit der Zeit wird sich das Kind auf seinen Erkundungsausflügen immer weiter von seiner Blatthütte oder seinem Sandbett entfernen. Das Kind begreift, dass es nun an der Zeit ist, einen neuen Platz in der Familie einzunehmen, und während es früher frei über seine Zeit verfügen durfte, betrauen die Erwachsenen es jetzt mit gewissen Aufgaben und zählen auf seine Mithilfe.

Die Zeiteinteilung in Spiel, Schule oder Arbeit unterscheidet sich grundlegend, je nachdem ob das Kind in einer industriellen oder in einer traditionellen Gesellschaft aufwächst. Das kenianische Kind verbringt fast die Hälfte seiner Zeit mit Arbeit, das japanische mit Spielen.

Holz oder Wasser holen, kochen, sauber machen, sich um die kleinen Geschwister kümmern, Vieh hüten – diese und andere Aufgaben fallen bei den traditionsgeprägten Kulturen in Afrika oder Asien oft schon in den Verantwortungsbereich von Vierjährigen.

Misserfolg, Erfolg und Anerkennung seiner Arbeit helfen dem Kind, sich in seinen Stamm einzugliedern, und zeigen ihm, dass es Zeit braucht, bis das übermittelte Wissen in Fleisch und Blut übergeht.

Nordamerika
Mädchen des Indianervolks der Cree.

Nomadendasein

Meist ist ein Haus, ob aus Bambus, aus Lehm oder auf Stelzen, der erste Lebensraum eines Kindes, den es genau zu erkunden beginnt, sobald es sich auf allen Vieren fortbewegen kann. Doch kaum hat es seine Lieblingsecke gefunden, wartet bereits das nächste Abenteuer: Es gilt nunmehr auf zwei Beinen die Schwelle des schützenden Kokons zu übertreten und die große, weite Welt draußen kennen zu lernen. Neben vielen anderen Dingen muss es schnell lernen, sich vor den Unbilden der Witterung zu schützen. Bewegen sie sich erst einmal außerhalb des Heims, beginnen Kinder mit den Erwachsenen bald das große Frage- und Antwortspiel, und ein kleines Mongolenmädchen stellt früher oder später gewiss die Frage: »Warum ist unser Haus rund?«

Das berühmte Nomadenzelt der Mongolen, die Jurte, wurde vor mehreren Jahrhunderten im Kampf gegen die heftigen Stürme der Steppe entwickelt. Trotz seiner hundertzwanzig Kilogramm wird es selbst auf Reisen in die Stadt mitgenommen. Die Mongolen beherrschen die Technik, es zu zweit oder zu dritt in nur einer halben Stunde aufzubauen. Da die Suche nach Weideflächen für ihre Herden bis zu zwanzig Ortswechsel im Jahr mit sich bringt, ist eine mobile Wohnstatt unabdingbar. Doch es handelt sich bei dem Zelt keineswegs um eine karge Behausung: Es hat ein hölzernes Gerüst, rot-grüne Flügeltüren und einen Rauchabzug aus Zink. Im Sommer isoliert eine Strohschicht unter den Teppichen das Zelt von unten, und beim ersten Frost wird diese durch einen ausklappbaren Holzboden ersetzt. Je nach Kältegrad kann die Jurte mit mehreren dicken, eingefetteten Filzplanen verstärkt werden. Das Zelt wird entsprechend einem alten Sprichwort immer nach Süden hin, »zur Seite der Sonne und der Freunde«, aufgestellt.

In früheren Zeiten lernte ein Kind, die Aufteilung des Innenraums gemäß den Himmelsrichtungen zu respektieren. Das Bett eines Jungen befand sich auf der westlichen Seite, im Bereich der Männer und der Waffen. Ein Mädchen dagegen hatte seinen Platz auf der östlichen, der weiblichen Seite. Noch heute gelten strenge Anstandsregeln für junge Mongolen, die in einer benachbarten Jurte zu Gast sind: Zu lange stehen zu bleiben oder in die Hocke zu gehen, zeugt von völliger Respektlosigkeit den Gastgebern gegenüber. Und die größte Beleidigung ist es, die Füße vor sich auszustrecken, insbesondere, wenn die Zehen nach Norden, in Richtung des Reichs der Gottheiten, zeigen.

Sibirien
Nomadenzelt.

Mongolei
Kleine Schlafstatt im Inneren einer Jurte.

Kuhdung als Zement

Nach und nach lernen die Kinder der Himba, die seit Jahrhunderten überlieferten Tätigkeiten nachzuahmen, die zum Überleben in der Wüste notwendig sind, und das Nomadenleben, in dem sich alles um die Herden dreht, zu verstehen. Das ganze Jahr über ziehen die Familien von Weide zu Weide, vom Süden Angolas bis zum Nordwesten Namibias in das bergige Kaokoveld: Deshalb müssen ihre Hütten schnell gebaut werden können. Im Allgemeinen dienen die Behausungen ausschließlich als Schlafstätte für die Nacht. Die Mädchen erlernen den Bau der Hütten, indem sie es ihren Müttern, den Hüterinnen des Familienbesitzes, nachtun: Sie sammeln einige abgestorbene Äste und ordnen sie kreisförmig wie ein Gestell an. Dann wird eine Mischung aus Erde und feuchtem Kuhdung aufgetragen, die nach dem Trocknen wasserdicht und stabil ist. Als Dekoration legen die Frauen manchmal einen Teppich aus gefärbten Lederstreifen mit geometrischen Mustern darüber.

Vor allem während der Sommermonate, wenn die Wasserstellen schnell austrocknen, sind die aus mehreren Familien bestehenden Gruppen gezwungen weiterzuziehen, um neue Trinkplätze für ihre Ziegen und Rinder zu suchen. Wenn ein Lager dann nach ein oder zwei Tagen wieder verlassen wird, bleiben die Hütten einfach für das nächste Mal stehen – ein Stück Holz vor dem Eingang genügt als Schloss.

Auf diesen Reisen von Lager zu Lager lernen die Kinder, ihre Umwelt zu achten und Menschen und Tiere je nach Klimazone zu unterscheiden – wertvolles Wissen für ihre Zukunft.

Namibia
Mütter und Kinder der Himba vor einer bunt geschmückten Hütte.

Ein Lager unter Kamelhäuten

Welche Gemeinsamkeit gibt es zwischen dem Leben eines Kindes im nepalesischen Mustang, eines kleinen Nenet in Sibirien und eines Tuareg-Kindes in der Sahara? Zuerst einmal ist ihr Lebensraum die Wüste, sei sie nun eisig, heiß oder auch beides. Die Eltern sind Nomaden und halten Schafe, Rentiere oder Kamele. Und die Wohnstätte ist praktisch, zusammenfaltbar, stapelbar und transportabel – ein Zelt aus Wolle oder Tierhäuten. Von den Hochebenen des Himalaya über die asiatischen Steppen bis hin zum Atlantik schlafen jeden Abend unzählige Kinder unter einem Zeltdach ein.

Die Tuareg verwenden für ihre Zelte Kamel- oder Ziegenhaut. Sehr begehrt, aber sehr selten ist Mufflonleder, da es besonders wetterfest ist. Um die dreißig enthaarte Tierhäute werden für eine Plane aneinander genäht. Eine Schicht aus Fett und rotem Ocker schützt sie gegen Regen und Sonne. Die Unterkonstruktion besteht aus einem Gerüst mit vertikalen und horizontalen Holzstangen, und die beiden äußeren Enden werden zusätzlich mit Steinen und Haken gesichert. Der Philosophin Lydia Devos zufolge, die sich mit der Symbolik des Heims beschäftigte, versinnbildlichen Zelte den Kosmos. Das Zentrum bildet der Mittelpfeiler, um den herum sich das Familienleben abspielt. Nicht nur bei den Mongolen schlafen die Männer und Jungen auf der westlichen, die Frauen und Mädchen auf der östlichen Seite.

Kinder wohlhabender Tuareg schlafen auf Teppichen, andere auf Schafhäuten und manche auch nur auf »Matratzen« aus feinem Sand, der aus einem Wadi, einem ausgetrockneten Flussbett, geholt wird. In der Südsahara ist es wegen der Dornen, Insekten und Reptilien zu gefährlich, um auf dem Boden zu schlafen; deshalb gibt es Holzbetten auf Stelzen.

Im Sommer steht das Zelt immer offen, damit die Luft zirkulieren kann und die Hitze sich nicht staut. Dagegen wird es im Winter zusätzlich mit Stroh verstärkt, sodass man sich selbst bei eisiger Kälte wie in einem warmen Nest fühlt.

Sahara
Familienleben im Zelt.

Die Hütte des Bullen

Den Kindern in den Bergregionen im Norden Kameruns fiele es schwer, uns ihr »Haus« zu beschreiben. Denn wie Christian Seignobos bei seinen Studien der afrikanischen Wohnkultur feststellte, versteht man unter dem Begriff »Haus« gemeinhin eine aus einem einzigen Gebäude bestehende Wohnstätte. Und diese Definition passt so gar nicht auf die traditionelle Architektur der Region.

Für die Kinder der Mufu ist ihr Heim kein »Haus«, sondern eine Art Gehöft, bestehend aus sechs oder sieben Hütten, die von einem Mäuerchen umgrenzt und manchmal über lange, dunkle Gänge miteinander verbunden sind.

Jede Hütte hat eine genaue Bestimmung, und die Benutzung unterliegt festen Regeln. Den Raum, der als Hirsespeicher dient, darf beispielsweise nur das Familienoberhaupt betreten, das auch einen eigenen Wohnraum besitzt, der für alle anderen tabu ist. Die Frau verfügt ebenfalls über eine eigene Hütte, in der sie und die kleinen Kinder schlafen. Eine zweite dient ihr als Vorratskammer für die Pflanzen, die sie für die Zubereitung von Soßen gesammelt hat.

Wenn die Söhne ungefähr zehn bis zwölf Jahre alt sind und schon bei den Arbeiten auf dem Feld mithelfen können, baut man ihnen eine eigene Hütte. Eine der ersten Pflichten der Jungen ist es, den »Bullen der Hütte« mit Wasser und Futter zu versorgen. Es handelt sich dabei um einen jungen Stier, für den man inmitten der Hüttensiedlung einen kellerartigen Stall gegraben hat. Er ist darin eingesperrt und wird bis zu seiner Opferung zum Jahresfest gemästet. Außerdem arbeiten die Jungen bei der Ausbesserung der Dächer mit. Diese zeigen den Reichtum einer Familie an, denn je besser die Ernte war, desto dicker fällt das Dach aus Hirsestroh aus.

Togo
Hütten in einem Gehöft. Das Dach ist mit Hirsestroh gedeckt, ein Zeichen für den Wohlstand der Familie.

Blattlauben

Die Pygmäen, die in den Regenwäldern von Zaire leben, sind Experten auf dem Gebiet der Bäume, Pflanzen und Lianen. Guy Philippart de Foy beschreibt in seinem Buch über die Architektur der Pygmäen ihren ungemein respektvollen und sparsamen Umgang mit den Reichtümern der Wälder. Bereits im Alter von fünf Jahren lernen die Kinder, die verschiedenen Pflanzenarten zu unterscheiden, von denen nur einige für die Herstellung von Alltagsgegenständen dienen.

Aus den elastischen, aber festen Blättern der Maranthacea werden Becher, Beutel und Küchengefäße gefertigt. Die Rotangpalme ist Rohstofflieferant für die Herstellung von Korbwaren, Rückentragekörben und Seilen. Doch die aufwändigste Arbeit besteht im Bau der typischen kleinen Wohnhütten: Es dauert mehrere Jahre, bis man die Flechttechnik perfekt beherrscht.

Oft übernehmen die Frauen zusammen mit den Kindern den Hüttenbau. Für das Gerüst verwenden sie zwei Meter lange Äste, die sie mit den Händen elastisch machen und mithilfe ihres Kopfes biegen. Sie werden dann zu einem engen, festen, kuppelförmigen Gitter verflochten, auf dem schließlich die »Dachziegel« in Form von Blättern angebracht werden. Die Hütte ist trotz des verwendeten weichen Holzes so robust, dass ein Erwachsener sich darauf stellen kann, ohne einzubrechen. Große Sorgfalt verlangt schließlich noch die Innenverkleidung, denn vor dem Bezug der Hütte werden die Innenwände mit Teer brandsicher gemacht. Diese komplexe Technik können Kinder nur erlernen, wenn sie ihre Mütter aufmerksam bei den einzelnen Handgriffen beobachten. Doch schon früh üben sich die Jüngsten darin, Holzstücke an den Enden abzukanten, ohne sich zu schneiden.

Zaire
Pygmäenkinder beim Bau einer kleinen Hütte aus Zweigen und Blättern.

Zaire
Beim Zurechtschneiden eines Astes.

Tausendundeine Nacht

Mit der Nase im Wind, zur Kugel zusammengerollt, auf einem Schilfteppich, einer Matratze oder in einer Hängematte, mit oder ohne Decke – für Pascal Dibie, der die Schlafgewohnheiten in aller Welt studiert hat, kommt Schlafen einer wahren Technik gleich. Seiner Meinung nach ist es das Beispiel für traditionelle Prägung schlechthin, da schon der Körper des kleinen Kindes den Schlafgebräuchen der Gemeinschaft unterworfen wird.

Die Größe des Heims, die natürliche Umgebung und die familiären Bande beeinflussen die Art des Ruhens. Während bei uns Kinder oftmals sehr früh in eigene, separate Gitterbettchen gelegt werden, ist es für viele afrikanische Mütter undenkbar, ohne das Baby an ihrer Seite einzuschlafen. Westliche Kinder, an weiche Kissen und Matratzen gewöhnt, hätten wiederum Schwierigkeiten mit den harten Kopfstützen aus Holz, wie sie in Asien und Afrika weit verbreitet sind, oder auch mit dem Einschlafen bei großem Lärm. Umgekehrt würden sich afrikanische oder asiatische Kinder mit unseren Schlafgewohnheiten schwer tun.

Auch die Schlafpositionen können von Kultur zu Kultur sehr unterschiedlich sein: mit angewinkelten Beinen, wenn man in einer kleinen Hütte wohnt; im Kreis oder eng aneinander geschmiegt, wenn man sich gegenseitig wärmen muss. Manche Kinder im Tschad lernen eine sehr erstaunliche, »Stelzvogel« genannte Schlaftechnik: Auf eine Stange gestützt, ruhen sie sich im Stehen aus. Dies wird ihnen von Nutzen sein, wenn sie später – wie ihre Eltern – die Herden hüten.

China
Der Kleine ist einfach über dem Spiel eingeschlafen.

Die Kunst der Langsamkeit

Ruhen ist ein universelles Grundbedürfnis. Unser Verhältnis zum Schlaf wird entscheidend davon beeinflusst, wo auf der Erdkugel wir zu Hause sind und somit, wie lang oder kurz die Nacht ist.

Jean Malaurice stellte fest, dass die Inuit während des Polarwinters eine Art Winterruhe halten und die Familie manchmal bis zu fünfzehn Stunden am Stück schlafend verbringt. Bei uns würden Eltern ein dösendes oder träges Kind schnell aufrütteln. Ganz anders im hohen Norden: Da es nicht selten vorkommt, dass sich eine Jagd über sechzig Stunden ohne Pause hinzieht, gilt Bedächtigkeit als eine wünschenswerte Eigenschaft, um ein hartes Leben gut zu meistern.

Als die Inuit noch in rohen Steinbauten wohnten, schliefen die Kinder immer nackt und den Kopf nach innen gedreht zwischen ihren Eltern unter Tierfellen. Gegen elf Uhr vormittags wachte man langsam auf, um die Zeit zu nutzen, wenn die Sonne ihren höchsten Punkt erreichte. Auch in ihren komfortablen Holzhäusern mit Strom haben sich die Inuit ihre morgendliche Gemächlichkeit bewahrt; man streckt sich in aller Ruhe, nimmt sich die Zeit zu spielen und sich ohne Hetze anzuziehen.

Paul-Emile Victor sieht einen Zusammenhang zwischen dem »sanften Erwachen« und der Mythologie der Inuit. Gemäß ihrem Glauben besitzt der Mensch verschiedene Seelen: Die Seele des Lebens hat ihren Sitz am Halsansatz, die Seele des Schlafs unterhalb des Zwerchfells, und viele kleinere Seelen sitzen in den Gelenken. Würde man zu hastig aufstehen, hätte die Seele des Schlafs, die während der Nacht den Körper verlässt, nicht die nötige Zeit zurückzukehren. Unzusammenhängendes Gerede oder unausgeglichenes Verhalten werden als Zeichen gedeutet, dass diese Seele des Schlafs noch nicht an ihren Platz zurückgefunden hat.

Bevor also überhaupt ein Fuß vor die Tür gesetzt wird, bemühen sich die Eltern, ihren Kindern Aufmerksamkeit und ein Gefühl für Zeit beizubringen. Ein beeindruckendes Zeichen von Weisheit!

Kanada
Sanftes Erwachen eines Inuit-Kindes.

Brasilien
Hängematte der Jivaro.

Venezuela
Bei den Yanomami-Indianern.

Ordnung in den Hängematten

Die Hängematte gehört von Geburt an zum Leben der Indianer im Amazonasgebiet. Sie ist für sich genommen bereits eine vollständige Schlafkammer. Beim Aufhängen im Dorf müssen Alter, Geschlecht und Familienzugehörigkeit des Besitzers berücksichtigt werden.

Bei den Motilonen werden die Hängematten der Frauen etwa achtzig Zentimeter über dem Boden aufgehängt, die der Männer in einer Höhe von einem Meter, und die der Kinder, die in der Regel zu zweit schlafen, hängt noch ein Stück höher. Die jungen, unverheirateten Männer gelangen zu ihren Schlafstellen nur mithilfe eines Seils, da ihre Hängematten zwei Meter über dem Boden schweben. Diese Ordnung folgt der Erdverbundenheit der einzelnen Familienmitglieder. Die Erde ist das Reich der Frauen und das Symbol der Fruchtbarkeit; je weniger das eigene Leben mit der Erde verbunden ist, desto weiter entfernt von ihr muss man schlafen.

Die Hängematte stellt den persönlichsten Besitz dar, und so wählt jede Familie eine Ecke unter dem großen Dach der Dorfgemeinschaft, wo sie ihre Schlafstätten aufhängt. Ein Kind lernt, dass es den Schlafbereich der anderen Familien respektieren muss und nur betreten darf, wenn es dazu aufgefordert wird. Bald merkt es auch von selbst, dass jemand allein sein möchte, wenn er sich seiner Hängematte zuwendet. Und dass man am besten schläft, wenn man sich nicht längs, sondern quer in die Hängematte legt, wissen alle Indiokinder.

Indische Nachtruhe

Wird man in Indien in die oberste Kaste der Hindu, in die Kaste der Brahmanen, hineingeboren, darf man nie unüberlegt handeln. Tag und Nacht muss man wachsam sein, um sich vor Verunreinigungen zu schützen. Wenn ein Kind ein guter Hindu werden möchte, muss es eine lange Liste von Verboten auswendig lernen.

So gilt es zu vermeiden, in den Bergen zu schlafen, im Schatten eines Baums, auf bestelltem Ackerboden, in einem Kuhstall, im Haus seines Guru oder vor einem Rattenloch.

Außerdem warnen die alten brahmanischen Gebote davor, mit nassen Füßen unter die Decke zu kriechen und den Kopf beim Einschlafen nach Westen oder Norden zu drehen. All diese Vorsichtsmaßnahmen sind jedoch vollkommen nutzlos, wenn man sein Bett nicht zuvor reinigt, indem man es mit getrockneten Kuhfladen abreibt.

Die Raumaufteilung in den Häusern ist so gestaltet, dass auch bei Anwesenheit von Angehörigen anderer Kasten die religiösen Vorschriften respektiert werden können. Für Menschen, die nicht zur Familie gehören, ist ein separater Raum vorgesehen, damit sie durch Kontakt nichts verunreinigen können. Es ist ihnen auch untersagt, die Küche oder den Schlafraum der Hausherren zu betreten.

In allen Räumen stehen Liegen, auf denen man isst, spielt und sich ausruht. Doch für die drei wesentlichen Akte des Lebens, die Geburt, den Geschlechtsakt und den Tod, sucht man den direkten Kontakt zur Erde – in einem Bett wäre man zu weit vom Erdboden entfernt.

Früher war das Nachtgewand der Kinder nicht etwa ein Pyjama, sondern ein Laken, in das sie sich bis über den Kopf und ohne die Tageskleidung abzulegen vollständig einrollten.

Indien
Schlafsaal der Novizen in einem buddhistischen Kloster.

Birma
Kleiner schlafender Junge.

Wer spült heute ab?

Welche Aufgaben werden Kindern übertragen und ab welchem Alter? Fragen dieser Art geht Blandine Bril in ihren Studien über die psychologische Entwicklung von Kindern nach, denn anhand der Pflichten, die Kindern übertragen werden, lassen sich Rückschlüsse darauf ziehen, wie die Erwachsenen ihre Entwicklung und ihre Fähigkeiten im Umgang mit Werkzeugen und Techniken einschätzen. Das Erlernen von Alltagstätigkeiten ist fester Bestandteil des Eingliederungsprozesses eines Kindes in die Werteordnung einer Kultur.

Bis vor einigen Jahren war auch bei den Bakoko in Kamerun das Leben der Kinder deutlich dadurch strukturiert, welche Pflichten sie ihrem Alter entsprechend übernehmen mussten. Es stand außer Frage, dass der Respekt vor den Älteren, Solidarität und Hilfsbereitschaft über den Interessen des Einzelnen standen. Jeder kam seinen Aufgaben gewissenhaft nach. Die Kinder einer Altersgruppe – also Kinder, die in demselben Zeitraum von zwei bis drei Jahren geboren waren – schlossen sich in kleinen Banden zusammen, um gemeinsam ihre Arbeiten zu erledigen. Dies galt als ein wirkungsvolles Instrument der Sozialisierung und der gegenseitigen Erziehung.

Die Alten trauern dieser familiären und gemeinschaftlichen Ordnung nach. Doch sie ist natürlich nicht vollends verschwunden. Auch heute ist es noch an der Tagesordnung, dass die älteren Kinder sich um die Kleinen kümmern, und die Mädchen helfen immer noch ihren Müttern bei der Hausarbeit. Mit vier Jahren holen sie Wasser und Holz, mit sechs Jahren beginnen sie beim Kochen zu helfen, und ab sieben kümmern sie sich um ihre Geschwister. Und selbst wenn Emailschüsseln mancherorts die traditionellen Kalebassen abgelöst haben, zeigen die Mütter ihren Töchtern weiterhin, wie man Risse mit einem Blatt oder mit Pflanzenfasern reparieren kann.

Afrika
Kinder beim Ausspülen der Kalebassen am Fluss.

Jemen
Mädchen beim Wassertragen.

Indien
Traditionelle Tragetechnik.

Eine Frage des Gleichgewichts

Haben Sie schon einmal versucht, ein Gefäß mit Wasser oder eine Ladung Holz auf dem Kopf zu transportieren? Das ist alles andere als einfach! Fertigkeiten wie diese werden ebenso wenig explizit gelehrt wie bestimmte Verhaltensweisen und Benimmregeln, sondern den Kindern nebenher im Alltag vermittelt – ein Kind wächst sozusagen in sie hinein. Es gibt kein Lehrbuch über die allgemein gültige Technik des Zerstoßens von Wurzeln oder des Tragens von Lasten, und doch wird es in jedem Kulturkreis mit Wohlwollen aufgenommen, wenn jemand einen alltäglichen Handgriff meisterhaft ausführt.

Das richtige Gehen, das Tragen einer Last oder eines Kindes, das richtige Sitzen und Kauern stehen in keinem Lehrplan. Und dennoch eignet ein Kind sich die Körperbeherrschung an, die den Sitten und Gebräuchen seiner Gemeinschaft entspricht.

Blandine Bril berichtet, dass beispielsweise die kleinen Mädchen der Bambara aufgrund der Lieder und Scherze, die zwischen Kindern und Erwachsenen ausgetauscht werden, ganz genau wissen, was sie zu tun haben, um als gute Hausfrauen von allen geschätzt zu werden.

Darüber hinaus beobachtete die Wissenschaftlerin, dass die Tätigkeiten, an die die Mädchen herangeführt werden, nach Schwierigkeitsgraden gestaffelt sind: Sie lernen erst das Bringen von Getränken, das Zerstampfen, das Tragen auf dem Kopf, das Sieben und das Geschirrspülen, dann das Wäschewaschen, das Worfeln von Getreide, das Wasserschöpfen und schließlich das Kochen.

Was in dieser Aufzählung wie ein Kinderspiel erscheint, ist in Wahrheit eine in sich stimmige Steigerung zu immer komplexeren, aufeinander aufbauenden Bewegungsabläufen, wobei auch der Gebrauch der erforderlichen Gerätschaften und Arbeitsmittel immer größere Präzision erfordert. Mit großer Umsicht wird darüber gewacht, dass ein Kind keine zu schwierigen Arbeiten übertragen bekommt und die Lasten nicht zu schwer sind. Das Wohl des Kindes steht immer an erster Stelle.

Aussaat und Ernte

Von jeher bestimmt überall auf der Welt der Rhythmus der Jahreszeiten die Arbeit der Bauern. Bei den Dogon richtet sich das alltägliche Leben nach der Trockenzeit von Januar bis Mai und der Regenzeit von Juni bis Mitte Oktober. Die Hirsepflanzungen machen viel Mühe, und so hilft die ganze Familie mit.

Zur Zeit der Aussaat hacken die Männer Reihen kleiner Löcher in den Boden. Die Frauen und Kinder verteilen die Samenkörner in die Löcher, und bedecken sie dann durch eine geschickte Bewegung der Ferse mit Erde. Wenn das Getreide reif ist, halten die Kinder mit Schleudern bewaffnet die Affen und Sperlinge von den Feldern fern. Nachdem die Rispen von den Stielen gelöst worden sind, werden sie zu Bündeln zusammengebunden, auf den Hausdächern zum Trocknen ausgelegt und schließlich in den Hirsespeichern gelagert.

Es ist Sache der Frauen, die Hirse dann vor dem Zubereiten zu Mehl zu zerstampfen. Bereits mit zehn Jahren weiß ein Mädchen ganz genau, welche Körperhaltung es einnehmen muss, um beim Auf- und Abbewegen des Stößels nicht das Gleichgewicht zu verlieren. Schließlich hat es schon mit drei Jahren gelernt, mit einem Stock oder Hirsestängel Gewürze zu zermahlen und die ersten Körner zu zerkleinern. Vor allem aber hat die Tochter genau beobachtet, wie ihre Mutter mit dem vier Kilo schweren, neunzig bis hundertzwanzig Zentimeter langen Stößel aus festem Holz arbeitet. Wer die Technik nicht beherrscht, wird sich schwer tun, das sperrige Werkzeug zu handhaben. Deshalb bringen die Mütter ihren Töchtern nach und nach den Umgang mit einem leichteren, ihrer Körpergröße angemessenen Stößel bei, bis sie in der Lage sind, feines Mehl herzustellen.

Ein Junge erhält dagegen vom Vater einen kleinen, selbst gefertigten Rückenkorb und folgt ihm auf die Felder, sobald er Schritt halten kann. Im Schatten eines Baums spielt er selbst den Landwirt. Ein Sprichwort der Dogon besagt, dass man mit einem Kind an der Seite guten Mutes ist und die Arbeit leichter von der Hand geht. Wenn der Sohn etwas älter ist, wird ihm sein Vater die unterschiedlichen Pflanzmethoden, die Pflege der Tiere und die Unterscheidung von Bäumen und anderen Pflanzen beibringen.

Kleine Faulpelze werden bei den Dogon nicht geduldet und mit der Drohung aufgeschreckt, dass sie, wenn sie einmal groß sind, nichts zu essen haben werden.

Mali
Hirsespeicher einer Dogon-Familie.

Tragetechniken

Wenn weder ein Tier noch eine Maschine zum Transport von Lasten zur Verfügung steht, ist der Mensch auf sich selbst gestellt. Die Art der Last, das Gewicht und Volumen sowie die zurückzulegende Entfernung müssen berücksichtigt werden.

In Afrika und Indien transportiert man Lasten mit der Hand, auf der Schulter oder auf dem Kopf, in Vietnam und China trägt man sie an einer Stange befestigt, in Südamerika vor dem Bauch und in Birma, dem Amazonasgebiet oder Laos auf dem Rücken – gehalten von einem Band, das sich der Träger um die Stirn legt. Bei allen Methoden ist es wichtig, die ideale Körperhaltung zu finden, um nicht unter dem Gewicht zusammenzubrechen. Jungen und Mädchen, die bei der Haus- oder Landarbeit helfen, werden früh in den Tragetechniken unterwiesen, die von der Art der Lasten und den Umständen bestimmt sind. Ausschlaggebend ist beispielsweise die Beschaffenheit des Bodens: Ist er eben, abschüssig, rutschig, steinig, leicht zu begehen oder mit Stolperfallen übersät? Oder wie ist die Witterung? Ist es heiß, kalt oder feucht? Des Weiteren müssen das Transportbehältnis sowie Kleidung und Schuhwerk des Trägers und auch seine Größe, Muskelkraft und Konzentrationsfähigkeit in Betracht gezogen werden.

Birma
Kleine Chin-Mädchen beim Holztragen.

Brasilien
Amazonasgebiet: Der kleine Guaraní-Junge kämpft mit einer Last auf der Schulter.

Haltung ist alles

Geduld, Ausprobieren und zähes Wiederholen gehören dazu, wenn ein kleines Kind versucht, das richtige Gleichgewicht zu finden, um Maniokwurzeln, Reis, Holz oder Heu auf dem Rücken, auf dem Kopf oder mit der Tragestange zu transportieren.

Es gilt, den Schwerpunkt der Last mit dem des Trägers in Einklang zu bringen. Der Schwerpunkt der Einheit Last-Träger variiert je nach Tragetechnik. Wenn ein Kind eine schwere Last auf dem Rücken trägt, wird es sich weiter nach vorne beugen, und damit ändert sich der Schwerpunkt. Wenn es die Ladung dagegen auf dem Kopf trägt, bleibt die Körperhaltung auch bei größerem Gewicht unverändert. Durch Beobachtung und Nachahmung der Erwachsenen lernt das Kind, die jeweils richtige Haltung zu wählen und wird nicht versuchen, die Tragetechniken zu revolutionieren. Blandine Bril zeigt in ihren Studien, dass die Kulturgemeinschaften sich sehr unterscheiden, was die Fähigkeiten angeht, die beim Kind gefördert werden, das Alter, mit dem es diese erlernt, und die Perfektion, die es darin erreichen soll.

Die Vielfalt der täglichen Handlungen und die unterschiedlichen Schwierigkeiten, mit denen ein Kind nach und nach konfrontiert wird, helfen ihm, Erfahrungen zu sammeln und seine ihm eigenen Fähigkeiten zu entwickeln.

Birma
Junge Nonnen bringen die morgendlichen Opfergaben dar. Mithilfe von Stoffbändern geben sie den Schalen auf dem Kopf den nötigen Halt.

Die Kleinsten hüten die größten Reichtümer

Eine erste Verantwortung gegenüber der Gemeinschaft bekommt ein Kind vielerorts dann übertragen, wenn es mit der Pflege der Tiere betraut wird, sei es mit der Betreuung der Lamas in den peruanischen Anden, der Yaks, Ziegen und Schafe in Nepal oder der Büffel in Asien. Denn ein Tier ist eine Kostbarkeit, es liefert Nahrung und wir nutzen seine Arbeitskraft.

Oft sind es die Jungen, die allein oder in der Gruppe die Tiere hüten, zählen und zusammentreiben, sie zur Tränke führen und die Dorfgemeinschaft unterrichten, wenn ein Tier krank ist. Jeder kennt seine Aufgaben genau. Es ist auch bei uns noch nicht allzu lange her, dass Jungen wie Mädchen als Kuh- oder Schafhirten auf den Wiesen waren und kleine Mädchen die Gänse hüteten.

Trotzdem ist es verwunderlich, dass Erwachsene den Kindern Tiere anvertrauen, die viel größer und ihnen kräftemäßig überlegen sind. Vielleicht herrscht zwischen Tier und Kind eine Art geheimes Vertrauensverhältnis; vielleicht ist das Hüten aber auch einfach die einzige Arbeit, die Kinder übernehmen können, ohne dass die Eltern sie dabei begleiten müssen. Wenn man eine Herde von klein auf kennt, muss man dann wirklich groß und stark sein, um sie zu beaufsichtigen?

Peru
Kinder mit Lamas.

Vietnam
Kleiner Büffelhirte.

Die Herde, der Stolz der Familie

Vom Turkanasee in Kenia bis in den Süden von Tansania steht die Herde, das Symbol für Reichtum, im Mittelpunkt des Lebens. Die Nuer kennen mehr als zwanzig Begriffe, um die Zeichnung des Fells eines Zebus zu beschreiben. Man rühmt seine Schönheit, und »meine Färse« und »mein Stier« sollen durchaus gängige Kosenamen sein.

Für die Massai ist ein Mann ohne Herde kein echter Mann. Ein Herdenbesitzer kennt jedes seiner Tiere, die alle einen Namen tragen. Während der Trockenzeit kommt es durchaus vor, dass ein Hirte ein junges Kalb kilometerweit bis zur nächsten Wasserstelle trägt. Es muss wohl nicht betont werden, dass die Kinder von Geburt an von diesem uralten Band zwischen Mensch und Herde geprägt werden. Die Milch, die Durst und Hunger stillt, wird meist pur oder mit dem Urin der Kuh vermischt getrunken. Sie wird beim Melken sorgsam in Kalebassen aufgefangen. Fleisch wird dagegen nur zu großen Anlässen gegessen. Je nach Ethnie ist die Herde im Besitz des Mannes oder der Frau. Wenn bei den Nandi ein Mädchen geboren wird, freut man sich, denn es bedeutet, dass sich bei seiner Heirat durch das Brautgeschenk der Viehbestand um einige Tiere vergrößern wird.

Das Viehhüten übernehmen bei den Massai traditionell die Jungen zwischen dreizehn und siebzehn Jahren. Sie tragen in diesem Alter, nach der Beschneidung, den Beinamen *murran* und lernen, sich gegen Viehdiebe zu wehren, geeignete Weiden und in Dürrezeiten Wasserstellen zu finden.

Kenia
Kleines Massai-Mädchen.

Kenia
Junge Samburu-Künstler.

Rind mit Punkten

Die Samburu sind ein Volk im Norden Kenias. *Samburu* bedeutet Schmetterling, ein Bild dafür, dass das Volk auf der Suche nach neuen Weideflächen ständig durch das Land zieht. Die Fantasie der jungen Hirten dieses Nomadenvolks kennt keine Grenzen, wenn es darum geht, ihr Lieblingsrind zu schmücken. Sie lassen ihr Talent spielen und verpassen dem Tier mit etwas Lehm eine gemalte Prunkdecke. Die Motive, oftmals mit Quadraten umrahmte Kreise, erinnern an die geometrischen Muster der afrikanischen Wickeltücher.

Kalte Schnauzen, heiße Schnauzen

Das mongolische Verb *khorgodakh* bedeutet »beständig am selben Ort leben«, und wenn man dem Wörterbuch Glauben schenkt, hat das Wort fast schon einen beleidigenden Unterton.

Noch heute gibt es einige Mongolenfamilien, die als Nomaden leben und mit ihren Kindern durch die Steppen ziehen. Sie lehren die Nachkommen, sich um die Herden zu kümmern, zu denen Ziegen, Schafe, Kühe, Kamele und Pferde gehören. Die Mongolen sprechen von den »fünf Schnauzen« und unterteilen ihr Vieh in kalte und warme Schnauzen. Im Nordwesten des Landes werden auch Yaks gehalten, die man wegen der fetten Milch und des langen Fells schätzt.

Das Leben in der Steppe wird vom Rhythmus der Jahreszeiten bestimmt, und einen guten Hirten zeichnen seine hervorragenden meteorologischen Kenntnisse aus. Schon die Kinder lernen, beim Hüten der Tiere den Himmel und die Sterne genau zu beobachten. Wenn sich im Winter eine harte Schicht auf dem Schnee bildet, ist das der Vorbote einer Frostperiode, die *zud* genannt wird, mehrere Monate dauern kann und somit oft harte Zeiten bei der Suche nach Weideflächen ankündigt. Es gilt, rechtzeitig die Zelte abzubrechen und weiterzuziehen.

Früher brachten die Eltern den Kindern neben der Pflege der Herde auch bei, wie sie die Rohstoffe, die die Tiere lieferten, nutzen konnten. Denn sie waren schließlich nicht nur Transportmittel und Nahrungslieferant – man ernährte sich ausschließlich von Fleisch und Milchprodukten –, sondern ihr Leder wurde zu Zeltplanen verarbeitet, ihre Wolle zu Kleidungsstücken, und selbst der Dung konnte noch als Brennmaterial verwendet werden. Die Nomadenvölker lebten völlig autark und konnten auf diese Weise lange die Sesshaftigkeit vermeiden.

Mongolei
Kinder beim Hüten der Schafe.

Mongolei
Aufbruch von den Weiden.

Eine Schicksalsgemeinschaft

Für das Nomadenvolk der Wodaabe im Niger sind die Entstehungsgeschichten von Mensch und Rind unauflöslich miteinander verbunden. Eine überlieferte Weisheit besagt, dass »ein wohlhabender Mann derjenige ist, den sein Vieh geliebt hat«. Der erstgeborene Sohn erhält bei seiner Geburt eine Kuh als Geschenk, die von der kostbarsten Linie der Herde seines Vaters abstammt. Auf diese Weise wird dem männlichen Nachkommen bereits als Neugeborenem sein zukünftiger Platz in der Gemeinschaft als Viehbesitzer zugestanden. Um den Vater zu der Geburt zu beglückwünschen, wird das Kind in der ersten Zeit »Hirte« genannt. Seinen richtigen Namen erhält es erst etwas später, während einer Zeremonie, bei der ein Stier rituell erwürgt wird. Von nun an wird jeder Lebensabschnitt für den Jungen mit einer bestimmten Lehrphase auf dem Weg zum Hirten einhergehen.

Wenn der Junge mit sechs oder acht Jahren beginnt, sich um die Schafe zu kümmern, erhält er ein weiteres eigenes Tier aus der Herde der Familie. Ebenso verhält es sich, wenn er mit neun oder elf Jahren lernt, die Kälber zu tränken, und mit fünfzehn, wenn er alle Arbeiten, die mit dem Versorgen des Viehs zu tun haben, beherrscht. Seine Tiere sind zwar sein Besitz, doch in der Gemeinschaft gilt, dass sie weiterhin der Herde des Vaters angehören, bis er mindestens zwanzig Jahre alt ist.

Wenn man also die Lebensgeschichte eines Hirten erzählt, gibt man gleichzeitig immer auch die Geschichte der Herde der Familie wieder. Egal, wie weit man in die Vergangenheit einer Familie und deren Herde zurückgeht, es wird immer wieder deutlich, dass in guten wie in schlechten Zeiten das Schicksal von Mensch und Tier eng miteinander verwoben ist.

Kenia
Junge Samburu-Mädchen hüten die Herde der Familie.

Wenn Kinder laufen lernen

Der Tag kommt, an dem ein kleines Kind zu groß und zu schwer ist, um weiterhin auf dem Rücken getragen zu werden. Es macht jetzt eigene Schritte, und seine Wahrnehmung der Umgebung verändert sich, wenn es seine Mutter auf den Markt oder auf die Felder begleitet. Das Band zur Mutter lockert sich mit den ersten eigenen Erkundungen vor dem Haus, im Dorf oder über diese Grenzen hinaus. Das große Unbekannte existiert und wird mit jedem kleinen Ausflug an der Seite der Eltern, mit jeder Fahrt in der Piroge und mit jedem Erblicken neuer Landschaften greifbarer und messbarer.

Die Eltern müssen erfindungsreich sein, wenn sie weite oder unwegsame Strecken mit ihren Kindern zurücklegen wollen, ohne diese zu ermüden.

In Indien ist es immer noch sehr verbreitet, Lasten in Behältnissen zu transportieren, die an den Enden einer Stange befestigt sind, die der Träger auf den Schultern balanciert. Will man mit einem solchen Tragegerät allerdings die vielen Stufen eines Tempels erklimmen, muss man zu zweit sein. Doch statt Reis oder Gemüse kann man mit ihm durchaus auch bis zu drei kleine Kinder tragen.

Überall gibt es immer wieder Menschen, die ein besonderes Geschick darin entwickeln, Alltagsgegenstände zu verbessern oder umzufunktionieren. Diesen Kinder-Schubkarren haben wir auf Madagaskar entdeckt, und er ist gewiss weltweit der einzige seiner Art.

Madagaskar
Intelligente Problemlösung:
der Kinder-Schubkarren.

Öffentliche Transportmittel

Lange Zeit war das gängige Transportmittel wohlhabender Chinesen der Palankin. Dieser Tragesessel wurde Ende des 19. Jahrhunderts in der Stadt von den Rikschas abgelöst, denen wiederum etwas später Dreiräder mit Pedal- oder Motorantrieb Konkurrenz machten. Eine ähnliche Entwicklung gab es ebenfalls in Indien und Südostasien.

Heute prägen vielerorts Fahrräder das Straßenbild. Ein Fahrrad ist nicht nur ein sparsames Fortbewegungsmittel, sondern auch sehr praktisch, um bei dichtem Verkehr voranzukommen und sich zwischen Menschen, Tieren und Autos hindurchzuschlängeln. Die Kinder werden morgens oft mit dem Fahrrad zur Schule gebracht. Es ist beeindruckend, wie viele Sprösslinge manche Eltern auf einem einzigen Rad transportieren können. Ganz ungefährlich ist das Unterfangen bestimmt nicht, besonders wenn es sich um ein Zweirad mit Motor handelt.

Vietnam
Ein Korb wurde zum Kindersitz umfunktioniert.

Vietnam
Schulbus.

▶▶
China
Ein Vater mit vier Kindern auf dem Fahrrad.

Am Wasser und auf dem Wasser

In manchen Ländern lernt man, das Gleichgewicht auf einem Fahrrad zu halten, in anderen zu paddeln, ohne ins Wasser zu fallen.

Die Kinder der Moken erhalten ihre eigenen Boote, sobald sie schwimmen können und stark genug sind, mit den Paddeln umzugehen, also etwa im Alter von sechs Jahren. Sie schließen sich zu richtigen kleinen Kinderflotten zusammen und können sich unabhängig von den Eltern zwischen den Pfahlbauten des Dorfes und den schwimmenden Märkten fortbewegen.

In den Wäldern des Amazonasgebiets werden die Kinder der Xingú beim Spielen am Fluss erst einmal über die Gefahren der Stromschnellen aufgeklärt, bevor sie allein mit dem Boot navigieren dürfen. Oft wurden die Dörfer am Rande einer ruhigen Stelle des Flusses errichtet, wo die Älteren die Kleinen problemlos bei ihren ersten Manövrierversuchen beaufsichtigen können. Die Einbäume oder Pirogen werden vom Vater angefertigt, indem er einen Holzstamm aushöhlt. Die Piroge, in der bis zu zehn Personen Platz finden, ist das einzige Transportmittel der Xingú. Zu großen Anlässen, wie rituellen Festen, benutzt man sie, um mit anderen Dorfgemeinschaften, die oft mehrere Kilometer flussauf- oder -abwärts leben, zusammenzutreffen.

Indonesien
Piroge mit Auslegern.

Jamaika
Junge auf einem kleinen Floß.

Fest im Sattel

Für ihre langen Wanderschaften beluden die mongolischen Nomaden die strapazierfähigen Kamele aus der Wüste Gobi mit den schwersten Lasten. Allein für den Transport der Jurte benötigte man zwei der Wüstentiere, ganz zu schweigen von dem Hausrat der Familie – von den Betten bis zu den Küchenutensilien. Man wäre nie auf die Idee gekommen, ein edles Geschöpf wie das Pferd als Lasttier zu missbrauchen. Das Pferd, die Wüste, die Steppe und die Frauen symbolisieren die Seele des mongolischen Volkes.

Schon Babys haben ihren Platz vor den Eltern auf dem Rücken eines Pferdes. Mit sechs Jahren sieht man die Kinder bereits allein im schnellen Galopp und auf dem Pferd stehend dahinreiten. Man könnte meinen, sie seien bereits mit den Füßen in den Steigbügeln auf die Welt gekommen. Will man das Alter umschreiben, so spricht man davon, »abgenutzte Steigbügel zu haben«.

Die Kinder lernen, dass es wichtig ist, sein Reittier immer gut zu pflegen. Wenn ein Pferd eine zweitägige Reise hinter sich hat, steht ihm eine Woche Ruhe zu und außerdem das saftigste Gras der Weiden.

Das größte Glück, das einem jungen Reiter widerfahren kann, ist, dass man ihm die gesamte Herde anvertraut, die manchmal bis zu tausend Tiere zählt. Er erhält für diese Aufgabe eine mit Talismanen geschmückte Peitsche, die ihn vor tödlichen Stürzen schützen soll.

Mongolei
Auf dem Rücken eines Kamels in der Wüste Gobi.

Es lebe das Rentier!

Ein Rentier ist in Sibirien ein so kostbares Gut, dass einem jungen Nenet oft erst nur ein einziges altes Tier zum Hüten überlassen wird. Einst traf man durchaus auf Herden mit bis zu siebentausend Tieren, doch heute besitzt ein Nomadenklan in der Regel um die einhundert.

Das Rentier ist der edelste Besitz eines Nenet und gleichzeitig sein treuester Gefährte – was aber nicht ausschließt, dass es von den Nenet auf der Halbinsel Jamal auch zu Wurst und anderen Produkten verarbeitet wird. Aus seinem Leder werden Mäntel, Stiefel, Kleider und Tschapkas gearbeitet; früher stellte man daraus auch die traditionellen Häuser her, für die man vierundsechzig Häute benötigte. Rentiere werden als Zugtiere zu dritt oder viert eingespannt, um die schweren Schlitten durch die eisige Tundra zu ziehen. Selbst ihre Hufe finden Verwertung: Ein Puder aus den Hufen junger Rentiere wird als Aphrodisiakum gehandelt. Und aus den geflochtenen Därmen der Tiere werden Lassos hergestellt.

Bei Tauwetter verdankt ein Nenet oftmals dem Gespür der Tiere sein Leben, denn diese wissen ganz genau, ob die Eisschicht auf dem Fluss den schweren Schlitten noch trägt. Wenn dann abends die Familie zusammensitzt, lauschen die Kinder fasziniert den Heldentaten der Nenet und ihrer Rentiere: Fällt einer von beiden, Mensch oder Tier, im Kampf, bleibt dem anderen nichts übrig, als selbst den Tod zu suchen. Das Leben und der tägliche Kontakt mit der Herde prägen bei einem Volk, das so eng mit seinen Tieren verbunden ist, zwangsläufig die Erziehung seiner Kinder.

Sibirien
Ein dick eingepackter Nenet-Junge wartet darauf, dass die Gemeinschaft wie jedes Jahr im Frühling zu neuen Weiden aufbricht.

Sibirien
Ein Nenet-Junge übt das Lassowerfen.

Sandhefte, Steintafeln und Lieblingsspiele
Kinder und Schule

Warum wird Neugier immer als eine schlechte Charaktereigenschaft getadelt? Kinder lernen, indem sie Antworten auf die unzähligen Fragen suchen, die sie sich über sich selbst, den Ursprung der Welt, über das Leben und den Tod stellen. Der Weg zum Wissen aber hat viele Windungen und endet im Grunde genommen nie.

Motivation und Ernüchterung wechseln sich ab, bis ein Kind sich selbst den Sinn der Welt und sein eigenes Sein zu erklären vermag. Zugang zum Wissen und das Nachdenken über Gelerntes sind von maßgeblicher Bedeutung für die Zivilisierung des Kindes.

Doch wie vielen Kindern bleibt der Besuch einer Schule und das Erlernen von Lesen und Schreiben aufgrund der familiären, wirtschaftlichen oder politischen Situation verwehrt? Welchen Wert haben der Unterricht, das spätere Erlernen eines Berufs und die Eingliederung in die Gesellschaft, wenn im Hier und Jetzt einzig das Überleben zählt? Bei uns wird die Schule oft als ein Zwang erlebt, in vielen Ländern gilt sie als eine Art Versprechen auf eine bessere Zukunft.

In abgeschiedenen Dörfern Afrikas, der Mongolei oder Chinas scheut man keine Mühen, um den Kindern den Besuch des Unterrichts zu ermöglichen. Und wenn es kein Klassenzimmer gibt, lernt man eben unter freiem Himmel und auf dem Boden sitzend Lesen, Schreiben und Rechnen. Papier, Holzbrettchen, Sand oder Stein erfüllen ihren Zweck ebenso gut wie unsere Wandtafel.

Vietnam
Kinder der Yao in Reih und Glied auf dem Schulhof.

Die Kunst der Schriftzeichen

Vor der Entwicklung der Schrift kommunizierten unsere Ahnen mit Worten, Gesten und Musik. Es liegt mehr als fünftausend Jahre zurück, dass man begann, Zeichen zu malen und ihnen Bedeutungen zuzuordnen. Die älteste bekannte Schrift ist die babylonische Keilschrift.

Die chinesische Schrift gibt es seit ungefähr viertausendfünfhundert Jahren, und sie ist die einzige alphabetfreie Schrift, die noch heute verwendet wird. Jedes Schriftzeichen steht für ein Wort oder einen Begriff und nicht für einen Laut, was auch im Zusammenhang damit zu sehen ist, dass die chinesische Sprache ausschließlich aus einsilbigen Worten besteht.

Die Schreibunterlage, ob fest oder weich, und das Schreibwerkzeug, Feder oder Pinsel, spielen eine entscheidende Rolle bei der Form der Zeichen. Die Chinesen stellten bereits im 2. Jahrhundert Papier auf der Grundlage von Faserstoffen und Wasser her. Erst achthundert Jahre später wurde es durch die Araber in Europa eingeführt. Auch eine erste Form von Tinte, eine Mischung aus Leim und Kohlenschwärze, kannten die Chinesen lange vor uns.

Da es in der gesprochenen Sprache heute große Unterschiede zwischen Nord- und Südchina gibt, ist die Schriftsprache ein wesentliches Verbindungsglied. Die Kinder brauchen Geduld, um in der Grundschule die ersten der einhundertvierzigtausend Schriftzeichen zu erlernen und zu verstehen, dass eine Verbindung der Symbole »Ohr« und »Drachen« den Begriff »taub« ergibt.

Die chinesische Alltagsschrift wird von links nach rechts in horizontalen Zeilen angeordnet, die klassische Schrift dagegen in vertikalen Spalten von rechts nach links. Besonders schwierig ist es, die einzelnen Striche eines Zeichens präzise mit dem Pinsel zu schreiben. Der Pinsel ist übrigens mit einer Art kleiner Tintenkammer ausgestattet, in etwa vergleichbar mit den Patronen unserer Schulfüller. Wer davon träumt, später einmal ein Meister der Kalligrafie zu werden, muss sich in jedem Fall auf eine lange Lehrzeit einstellen.

China
Eine Volksgruppe in China sind die Uiguren. Diese Kinder lernen das Lesen der uigurischen Schrift.

China
Miao-Kinder machen noch schnell auf dem Schulweg ihre Hausaufgaben.

Theorie und Praxis

Vor der Gründung der Volksrepublik China im Jahre 1949 konnten Schüler die Lehrsätze des Konfuzius auswendig aufsagen. Das Schulsystem wurde in der Volksrepublik China demokratisiert, um möglichst vielen Kindern den Besuch einer Schule zu ermöglichen. Seit 1958 wurden die dreihundertzwanzigtausend Grundschulen des Landes von dreizehn Millionen Kindern besucht. Die fünf Yuan (ungefähr 1,40 Euro), die alljährlich für die Schulbücher entrichtet werden müssen, sind für die Eltern in manchen Dörfern immer noch eine stattliche Summe.

Aus dem Wissen Nutzen ziehen, lautet der Leitsatz, den die chinesischen Schulen ihren Schülern vermitteln wollen. So besteht der Unterricht oft nicht nur aus rein theoretischen Inhalten, sondern umfasst ebenfalls praktische Tätigkeiten wie das Pflegen des Schulgartens, das Falten von Obstkartons oder sogar das Anfertigen kleiner Holzgewehre, um den Umgang mit der Waffe zu üben.

Der Unterricht ist bereits ab der Vorschule stark von der politischen und gesellschaftlichen Orientierung geprägt, Werte wie Hilfsbereitschaft, Zusammenarbeit und der Volksgedanke werden in den Vordergrund gestellt.

Im Alter von sieben bis zwölf Jahren lesen die Schüler ausgewählte Texte von Mao Tse-tung. Das schulische Leben soll nicht vom Leben der Arbeiter abgekapselt stattfinden. Deshalb wurden in den Städten von Fabrikarbeitern geführte Schulwerkstätten eingerichtet, und auf dem Land gehören landwirtschaftliche Arbeiten zum Schulbetrieb.

Nur auf seine eigenen Kräfte zu zählen war ein Grundsatz von Mao Tse-tung, und in der Medizin hatte er zur Zeit der Kulturrevolution großes Gewicht. Die so genannten »Barfußärzte« gingen aufs Land und lehrten die Kinder, die wichtigsten Akupunkturpunkte auf Nerven und Venen zu finden ebenso wie Heilpflanzen zu erkennen und zu nutzen.

China
Klassenzimmer in Shanghai.

China
Die Sieben- bis Zwölfjährigen erhalten eine Einführung in die Texte von Mao Tse-tung.

Spiritualität in der Kindheit

Einst maß man im traditionellen Indien dem Lesen und Schreiben – für uns im Westen die Grundlage jeden Unterrichts – keine sonderlich große Bedeutung bei. Ein Kind wurde bis zum Alter von sechs Jahren in erster Linie von seiner Mutter unterrichtet. Ihr Augenmerk galt zuerst einmal der spirituellen Unterweisung, und sie brachte ihm Gedichte und heilige Lieder bei, um sein Gedächtnis zu schulen. Einige alte, umfangreiche Werke wurden übrigens über Tausende von Jahren nur mündlich, aber dennoch mit größter Genauigkeit überliefert; erst vor etwa zweitausend Jahren wurden sie in eine schriftliche Form gebracht.

Unsere Erzieher im Westen möchten ja immer glauben, dass ein Kind wie ein unbeschriebenes Blatt sei und man es ganz nach seinen Vorstellungen formen könne. Für die Hindus dagegen ist ein neugeborenes Kind kein »neues« Lebewesen, sondern blickt bereits auf eine lange, erfahrungsreiche Geschichte zurück. Es hat einfach ein neues Kapitel in seinem Leben begonnen. Ziel ist es deshalb nicht, ein Kind mit möglichst viel Wissen zu überhäufen, sondern vielmehr, in ihm das zu erwecken, was bereits vorhanden ist. Alle Bereiche des Unterrichts sind darauf ausgerichtet, den spirituellen Aufstieg des Kindes zu erleichtern.

Indien
Buddhistische Schule.

Schulbeginn

Noch vor einigen Jahren war der erste Schultag für ein Kind der Brahmanen aus der Gemeinschaft der Nagara mit einer großen Zeremonie verbunden. Die Eltern schenkten ihm eine kleine Silbertafel und eine winzige goldene Feder. Die Silbertafel war mit einer feinen Schicht aus rotem Puder überzogen, auf die der Priester der Familie in Sanskrit die Worte »Gegrüßt sei Ganesha, gegrüßt sei Siddharta, gegrüßt sei Sarasvati« schrieb. Nachdem er den Satz dreimal hintereinander ausgerufen hatte, musste das Kind sie gemäß der Vorlage nachschreiben.

Früher fand in Indien der Unterricht zu Hause oder in religiösen Schulen statt und der Lehrer musste ihn kostenlos erteilen, da es als unwürdig galt, für die Weitergabe von Wissen eine Entlohnung zu fordern. Er musste ebenfalls das Schulmaterial stellen – glücklicherweise wurde der Unterricht größtenteils in mündlicher Form abgehalten, und das Schreiben übten die Kinder im Sand. Zumindest Almosen durfte der Lehrmeister entgegennehmen, und es kam vor, dass ein Schüler ihm zum Dank am Ende seiner Schulzeit einen Turban schenkte. Doch diese Zeiten gehören der Vergangenheit an, selbst wenn noch heute die Dorfkinder am ersten Schultag dem Direktor Zucker und eine Kokosnuss bringen. Seit Ende des 19. Jahrhunderts sind weiterführende Schulen und Universitäten nach dem Vorbild der Kolonialmacht Großbritannien entstanden, und auch den Mädchen, die einen Großteil der häuslichen Pflichten zu erledigen haben, stand immer öfter der Weg für den Schulbesuch offen, der einst der Elite vorbehalten war. Heute gilt in Indien zwar bis zum Alter von vierzehn Jahren die allgemeine, kostenlose Schulpflicht, doch leider gibt es immer noch Kinder, denen der Besuch einer Schule verwehrt ist.

Indien
Schülerin mit ihrer Tafel.

Indien
Klassenzimmer.

Mali
Schüler mit seiner Korantafel.

Das Wort ist eine Welt

Wer das Wort kennt, kennt die Welt, denn alles besteht aus Zeichen. Deshalb wird auf das Lernen von korrektem Sprechen in Afrika ebenso viel Wert gelegt wie auf den Unterricht in Lesen und Schreiben. Die Eltern wachen äußerst aufmerksam über die Sprachentwicklung ihres Kindes. Solange es die Mutter noch auf dem Rücken trägt, unterhält sie sich mit ihm in ihrem Dialekt und in einer Babysprache, doch sobald das Kind laufen gelernt hat, spricht sie mit ihm wie mit einem Erwachsenen. Mit Engelsgeduld bringt sie ihm die richtige Aussprache und Verwendung der Wörter bei.

Wenn ein Junge alt genug ist, um den Vater bei seinen Arbeiten zu begleiten, übernimmt dieser von da an die weitere Unterweisung. Doch um die Mädchen kümmert sich ausschließlich die Mutter. Später, wenn es darum geht, die Feinheiten des Dialekts zu erlernen, um damit den tieferen Sinn der Sprichwörter und Rätselspiele zu verstehen, sind die Geschwister und Freunde gefragt. Bald schon wird das Kind ein kleiner Meister des Frage-und-Antwort-Spiels sein. Zum Beispiel: »Was wirst du niemals sehen?« Antwort: »Die Jugendzeit meines Vaters und meiner Mutter.«

Vor allem aber lernt das Kind, welchen Platz es in der Rangordnung einnimmt – gemäß einer Lebensregel der Dogon, nach der es heißt: »Nicht das Kind, sondern der Vater besitzt die Wahrheit.« Einige Völker der Sahelzone kleiden denselben Grundsatz in folgendes Bild: »Die Hinterbeine eines Ochsen überholen nie die Vorderbeine.«

Viele afrikanische Völker verwenden eine Schrift aus Zeichen, die nur Eingeweihte kennen und in den Sand zeichnen. Die zweihundertsiebzig großen Zeichen der Komo werden die »Saat des Wissens« genannt und sind der Kern der Weisheit für die Bambara. Ihre Bedeutungen werden nur selten und dann immer mündlich weitergegeben.

Vor gut vierzig Jahren begann man in den Schulen Malis das Studium eines Textes mit Übungen zu Sprache und Sprechfertigkeit, dann erst ging man zu Vokabular und Lektüre über. Zuerst sollte der Schüler das Werkzeug für das Textverständnis und das Sprechen beherrschen. Der Anthropologe Sory Camara sagte dazu treffend: »Das Wort ist eine Welt, denn aufstehen ist ein Wort, kauen ist ein Wort, lieben ist auch ein Wort, sprechen ist ebenfalls ein Wort, schweigen ist ein Wort, alles ist Wort.«

Schulbücher

Der 1978 an der Elfenbeinküste erschienene *Livre unique de l'écolier africain* (»Das einheitliche Lehrbuch für den afrikanischen Schüler«) erklärt, dass ein Kind im Alter von sechs bis sieben Jahren zwar schon gewisse Schreibkenntnisse hat, es aber noch viele Schwierigkeiten gibt. Deshalb wurden in diesem Buch heitere Geschichten für den Unterricht zusammengestellt. Die Schüler können sich in den Helden Rémi, Fati und in deren Familien wieder erkennen. Es gibt den Großvater Kakoumbo und die Tante Rosalie. Rémi und Fati gehen in die Schule, ins Dorf, machen Ausflüge, reisen und spielen mit ihren Freunden.

Und natürlich gibt es auch eine Episode »Im Unterricht«: »Der Lehrer geht durch die Reihen, um die Hefte zu kontrollieren: ›Gut! Sehr gut! … Das könnte besser aussehen.‹ Plötzlich wird seine Stimme lauter und streng: ›Ich kannte einmal eine kleine Eidechse, die ihre Buchstaben schöner schreiben konnte. Das muss sich ändern, Kokou, mein Freund!‹

Rémi denkt sich, dass mit einem Lehrer wie Monsieur Ekani die gesamte Klasse dem Land Ehre mache. Selbst ein Faulpelz wie Kokou!«

So unterschiedlich einzelne Gesellschaften auch sein mögen, die Übermittlung von Werten wird in allen gleich ernst genommen: Schließlich ist es vom Kind zum Bürger nur ein kleiner Schritt.

Ein weiter Schulweg, alte oder zu kleine Klassenzimmer, längst überholte Lehrbücher und keine Möglichkeit, Stifte oder Hefte zu besorgen, sind Widrigkeiten, die in vielen Gegenden an der Tagesordnung sind, doch sie schrecken weder die Eltern noch die Kinder. Wissen kann schließlich der gesamten Entwicklung der Dorfgemeinschaft zugute kommen. Aber das bedeutet nicht, dass man sich in der Familie mehr herausnehmen kann, nur weil man mehr gelernt hat als die anderen.

Mali
Grundschule.

Mali
Klassenzimmer mit Lehmtischen.

Die Sprache Gottes

In vielen islamischen Ländern dienten die im 9. Jahrhundert gegründeten Koranschulen nicht nur der Erziehung der Kinder, sondern sie trugen auch entscheidend zum Erhalt der arabischen Sprache bei. Die ersten Zeugnisse der arabischen Schrift entstanden ungefähr fünftausend Jahre vor der Geburt des Islam. Arabisch wurde zur Sprache des Koran, und ein Gläubiger muss zumindest die wichtigsten Suren in der heiligen Sprache kennen.

Der Unterricht und die Kommentierung des Koran finden in den Innenhöfen der Moscheen unter den Arkaden oder an einem anderen kreisförmigen Ort statt. Nicht nur auf dem Land, sondern auch in großen Städten waren über lange Zeit die Koranschulen oft die einzigen Schulen. Die Kinder lernten ab dem Alter von fünf Jahren lesen, schreiben und den Koran auswendig zu rezitieren. In sehr kleinen Dörfern oder bei den Nomadenstämmen im Niger ist die religiöse Schule weiterhin die einzige Unterrichtsmöglichkeit. Wissen und Religion sind hier untrennbar verbunden; schließlich sagte schon der Prophet: »Wer sein Heim auf der Suche nach Wissen verlässt, folgt dem Weg Gottes.«

Das arabische *Qor'an* bedeutet »Lektüre«. Der Koran ist in einhundertvierzehn Suren unterteilt, und jede Sure besteht aus mehreren Versen. Beim Lesen wie auch beim Schreiben werden die Suren mit der Formel *Bismi allahi ar-Rahmâni ar Rahîmi* eingeleitet: »Im Namen Gottes, des Gnädigen und Barmherzigen«.

Bei der Geburt eines Kindes will es die Tradition, dass man ihm leise in sein rechtes Ohr den ersten Ruf zum Gebet sowie einige Koranverse flüstert und in sein linkes Ohr den zweiten Ruf zum Gebet.

Lange bevor sie eventuell in eine weltliche Schule gehen, lernen die Kinder – auf der einen Seite die Jungen, auf der anderen die Mädchen –, mit lauter Stimme im Chor den Koran zu lesen. Mit einem kleinen zugespitzten Stück Schilfrohr schreiben sie ihre ersten Koranverse auf eine Holztafel. Die arabische Schrift liest man von rechts nach links. Vokale werden nicht transkribiert, sondern durch Zeichen über oder unter den Konsonanten gekennzeichnet. Wenn der Koranlehrer der Meinung ist, dass die Schüler die Verse beherrschen, lässt er sie ihre Tafeln abwischen und das Gelernte auswendig vortragen. Da für viele Kinder Arabisch nicht die Muttersprache ist, stellt der Koran ein sprachliches Lehrwerk dar, dass darüber hinaus auch das religiöse, geschichtliche und rechtliche Verständnis der Kinder prägt.

Somalia
Korantafeln.

Sudan
Die Kinder waschen die Tinte von ihren Tafeln.

Auch Nomadenkinder müssen stillsitzen

Wenn die Schüler Nomaden sind, muss es der Lehrer ihnen zwangsläufig gleichtun. Es liegt bei ihm, den geeigneten Lehrplan für seine kleinen Zuhörer zu finden, denen so schnell niemand etwas vormacht, wenn es um Sprichwörter, Redensarten und Rätsel, um das Fell der Pferde, ihre Anatomie oder ihre Krankheiten geht. In der mongolischen Steppe ist Platz genug, um den Unterricht irgendwo unter freiem Himmel abzuhalten. Seit 1946 bringt man den Kindern die russische kyrillische Schrift bei. Der Stein des Dschingis Khan im Museum von Sankt Petersburg zeugt dagegen von einer viel ursprünglicheren, der uigurischen Schrift, die in der Mongolei vom 13. bis zum 16. Jahrhundert verwendet wurde.

Nationalsprache der Mongolei ist bis heute das Khalkha, eine Sprache, die deutlich zeigt, was das Leben ihrer Benutzer prägt: Sie verfügt über einen unglaublichen Reichtum an Wörtern, die die Tiere und ihre Haltung betreffen. Bei den Mongolen wird Rede- und Sprachgewandtheit sehr geschätzt. Es ist gar nicht so einfach, die anderen mit besonders intelligenten Wortspielen und Sätzen zu beeindrucken, und schwer hat es der, der seine Gedanken nur langsam in Sätze packt, denn er wird niemals das letzte Wort haben. Man kann nur hoffen, dass der Lehrer den Reichtum an fantasievollen Ausdrücken seiner Schüler zu schätzen weiß. Was liegt näher, als den Fuchs »den, der ein langes seidenes Kleid trägt« zu nennen oder über jemanden, der sein Gesicht verloren hat, zu spotten: »Er hat sich sein Gesicht auf den Hintern genagelt.« Und zeugt es nicht von außerordentlicher Diskretion, wenn man während des Unterrichts austreten muss und fragt: »Kann ich mein Pferd besuchen?« Überhaupt nicht zum guten Ton gehört es dagegen, seinen Klassenkameraden zu beschimpfen, womöglich gar als »du rohes Gehirn deines Vaters«. Da ist es schon besser, sich in eines der epischen Meisterwerke mongolischer Literatur zu vertiefen – wie die *Geheime Geschichte der Mongolen,* die den großen Dschingis Khan rühmt.

Mongolei
Eine Steinmauer eignet sich hervorragend als Pult.

Mongolei
Unterricht im Freien für die Nomadenkinder.

Schreibübungen im Sand

Ein Kind der Tuareg in der *tifinagh*-Schrift zu unterweisen bedeutet, es am Wissen der Ahnen teilhaben zu lassen. Heute kennen nur noch wenige den geheimnisvollen Ursprung dieses ungewöhnlichen Alphabets.

Tifinagh bedeutet in der Sprache der Tuareg »Zeichen«. Punkte, Kreise, Striche und verschiedene Symbole bilden einen Schatz aus vierundzwanzig Zeichen. Je nachdem, ob man zu einer Familie des südlichen oder nördlichen Teils des Gebirgsmassivs Ahaggar gehört, lernt man nach einer besonderen Methode das Schreiben: von rechts nach links, von oben nach unten, von unten nach oben oder auch schneckenförmig – es gibt keine festen Regeln. Die Schrift ist vor allem nützlich, um Botschaften in der Wüste zu hinterlassen. Auf Felsen oder im Sand kann man mittels der Zeichensprache Treffpunkte verabreden, Liebesbotschaften schreiben oder ein Territorium kennzeichnen.

Die Zeichen sind zugleich Symbole für Kraft, Mut und Schutz; häufig sind sie auch in Schmuckstücke wie Armbänder und Ketten eingearbeitet. In früheren Zeiten schmückten sie auch Schilder und Dolche.

Niger
Lehrstunde in *tifinagh*, der Schrift der Tuareg.

Niger
Schule im Zelt.

Der Drang zum Spielen

Wachsen und Lernen sind die Lebensaufgaben eines Kindes. Ein Baby ist erst einmal vollauf mit dem Entdecken des eigenen Körpers und seiner Grenzen beschäftigt. Die etwas älteren Kinder beginnen sich bei Wettrennen, Tänzen, Kämpfen und Basteleien zu beweisen. Der Wunsch, zu siegen oder ein Hindernis zu bezwingen, gehört zu ihren elementaren Trieben, und ein Kind am Spielen zu hindern würde seinem Gleichgewicht schaden. Das Interesse des Kindes gilt nun immer deutlicher der eigenen Identität und Einzigartigkeit.

Bis zum Alter von fünf Jahren gelingt es einem Kind mühelos, sich eine eigene Welt aus Fantasie und Realität zu schaffen. Doch schon bald wird es das »So-tun-als-ob« langweilen, denn es hat das Gefühl, sich die Welt angeeignet zu haben. Jetzt reizen es die Regeln, die in Spielen vorgegeben sind. Je nach Temperament wird es versuchen, zu siegen oder seine Intelligenz unter Beweis zu stellen. Diese Lehrzeit ist natürlich alles andere als ein klassischer Unterricht – und trotzdem ebenso wichtig für seine Entwicklung.

Versteckspiele und Spiele mit Murmeln oder Spielsteinen sind auf der ganzen Welt die gleichen. Unterschiedlich ist dagegen die Art und Weise, wie jeder Einzelne die Spiele vor dem Hintergrund seines eigenen Universums verarbeitet. Interessant ist beispielsweise, dass die jungen Inuit im Spiel einen Erdklumpen als Seehund harpunieren, während die Massai-Kinder den Kampf mit einem Löwen nachspielen. In den Spielen der Kinder spiegelt sich die Gesellschaft wider. Sag mir, was du spielst, und ich sage dir, wer du bist …

Vietnam
Spiel auf dem Schulhof.

Spielregeln

Warum fällt es Kindern so leicht, sich beim Spiel spontan zusammenzuschließen, wo es doch die Erwachsenen oft so viel Mühe kostet, sich zu einigen? Die Antwort liegt wahrscheinlich in dem Begriff Spiel selbst. Spiele gehören zur Kindheit und sind in der Erwachsenenwelt nur eine von vielen Möglichkeiten sich zu zerstreuen.

Interessant ist, dass Kinder bereits im Alter von fünf Jahren akzeptieren, dass ein Code die Spiele beherrscht und sie die unsichtbaren Grenzen, die er ihnen setzt, nicht übertreten dürfen. Jean-Michel Varenne und Zeno Bianu zeigen in ihrem Buch *L'Esprit des Jeux* (»Der Geist der Spiele«), wie sehr Kinder die Ordnung lieben, da sie sich freiwillig an selbst gesetzten Spielregeln messen und sie als Herausforderung betrachten. »Diese Liebe zur Ordnung führt zu einem wahren Kult um die Regeln.«

Die Autoren stellten ebenfalls fest, dass Schüler in vielen Ländern dem Murmelspiel eine fast schon mystische Hingabe entgegenbringen. Die Regeln werden von Generation zu Generation an die Jüngeren weitergegeben, ohne dass das Prinzip des Spiels jemals in Frage gestellt wird.

Die Spielregeln werden von Kindern also als eine Art Initiation in die Welt der Älteren gewertet. Mit Stolz übernimmt ein Kleiner die Rolle des Jägers beim Fangen, obwohl von vornherein klar ist, dass er der Langsamste ist.

Sich einer Autorität unterzuordnen scheint für das Kind nicht weiter schlimm zu sein – als spürte es schon den bevorstehenden Bruch mit der Kinderwelt. Und dann wird es wieder einen Fuß auf dem Gehsteig, einen auf der Straße die Bordsteinkante entlanghumpeln und dabei versonnen die Sonne betrachten oder sich zwicken, bis es schmerzt. All das sind kleine Schritte auf dem Weg zur Körper- und Selbstbeherrschung, die das Kind für sein späteres Leben dringend benötigt.

Guayana
Kinder ehemaliger Sklaven beim Damespiel.

Gerümpel und andere Kostbarkeiten

Plastikflaschen, Kalebassen, Palmfasern, Stoffreste, gebrauchte Luftschläuche, Matratzenfedern oder andere wertlose Dinge werden von afrikanischen Kindern vom Senegal bis nach Ghana aufgelesen und wie Schätze gehortet: Sie basteln daraus in ihren improvisierten Werkstätten Lastwagen, winzige Radiogeräte oder Tischfußballspiele nach dem Vorbild westlicher Modelle.

Ein Stein, eine ausrangierte Axt, eine Türklinke oder ein Kugelschreiber dienen als Werkzeug, und nun bedarf es nur noch einer Idee und einem bisschen Fantasie, um sich Spielzeug zu bauen. Viele Kinder mussten sich schon im Alter von sechs Jahren die Gewänder für ihre Initiationsriten fertigen; da fällt es ihnen nicht schwer, Techniken zu erlernen und zu erfinden, um ihre Fundstücke umzuarbeiten. Das tun übrigens keineswegs nur Jungen; die Mädchen legen bei ihren Puppen aus Maisblättern, Holz und Stoff mindestens genauso viel Einfallsreichtum an den Tag.

Hindernisse umgehen, mit den vorhandenen Möglichkeiten arbeiten und Lösungen finden, lautet die Devise, mit der die kleinen Handwerker sich die Welt erobern.

Und schon reihen sich die Rennwagen auf: Parade und Wettrennen können beginnen!

Mali
Von Dogon-Kindern selbst gebaute Holzfahrräder.

Birma
Spielzeugautos.

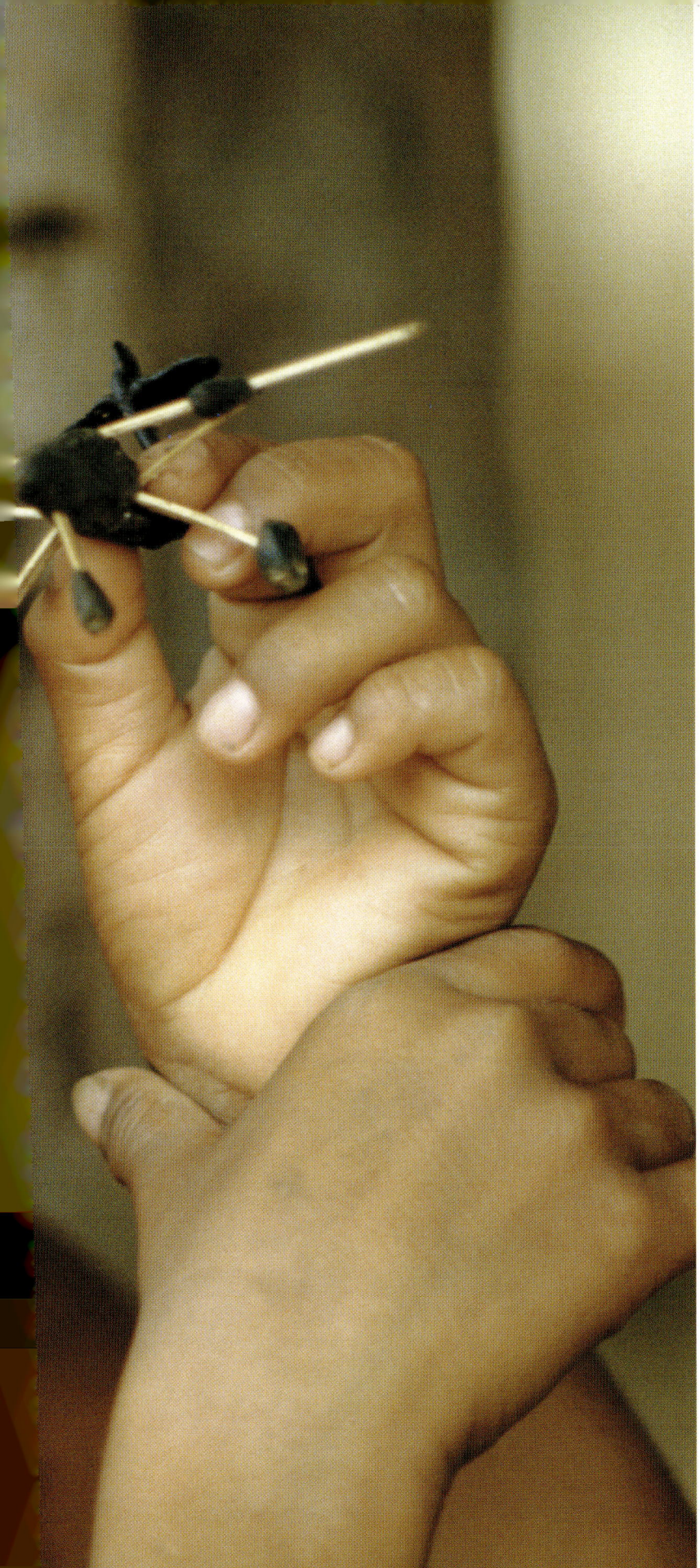

Der Litschi-Kranich

Vietnamesische Kinder werden zu wahren Künstlern, wenn es darum geht, aus Früchten, Gemüse und Pflanzen kleine Tiere zu basteln.

Für den Körper eines Büffels nehmen sie eine gekochte Kartoffel und Bambusstückchen für Beine und Hörner. Dann stellen sie ihn vor sich hin und beginnen zu singen:

»Die Büffeltine ist die Mutter des Büffels.
Mit einem Messer schneide ich ihr den Kopf ab und bringe ihn dem König als Opfer dar.«

Gesagt, getan: Sie schneiden dem Gemüsebüffel den Kopf ab und essen ihn gemeinsam mit ihren Freunden auf.

Kraniche und Schildkröten haben die kleinen Bildhauer ebenfalls im Repertoire. Aus einem Litschikern können sie mit einem spitzen Messer einen grazilen Kranichkörper zaubern, der auf zwei Beine aus Bambusstückchen gesteckt wird. Setzt man den Vogel jetzt auf einen anderen Litschikern, hat man eine Schildkröte, die einen Kranich trägt.

Für einen Flug zu den Sternen benötigt man nicht mehr als ein Zuckerrohrblatt! Man reißt am Ansatz drei schmale Streifen ein, biegt dann die beiden äußeren Streifen nach unten um und lässt das Blatt mit einer raschen Bewegung in die Luft schnellen. Der mittlere Streifen löst sich dabei vom Blatt und erinnert an einen Kometenschweif.

Indien
Miniaturspielzeug.

Kleine Helden

Mit vier Jahren hat es ein Kind langsam satt, dass nur Feen, Ritter und andere Helden seiner Fantasiewelt Abenteuer bestehen, und sein Lieblingsteddy oder seine schönste Puppe, die bis dahin seine engsten Vertrauten waren, kommen ihm plötzlich öde vor. Es möchte endlich selbst etwas erleben und herausfinden, was in ihm steckt.

Spiele oder auch Kämpfe mit anderen Kindern sind da genau das Richtige. Aus den Kindern bricht in diesem Alter eine unbändige Kraft hervor. Sie setzen die in der Fantasie erdachten Abenteuer nun im Spiel um. Aber Kinder können durchaus zwischen einer echten Schlägerei und einem Kampf nur zum Spaß unterscheiden. Zum Spielzeug gehören auch Imitationen von Waffen: bei den Indianern des Amazonasgebiets Bogen oder Blasrohr, in Mali Holzgewehre, Schleudern für Tonkugeln in Turkestan und Pistolen in Paraguay. Die kleinen Aborigines in Australien üben mit schlichten Miniaturbumerangs, den traditionellen Jagdwaffen. Die verzierten Bumerangs sind dagegen dem Kult vorbehalten.

Im Spiel kann jeder gewöhnliche Stecken zum Schwert oder Degen umfunktioniert werden. Auf den Philippinen bekommen Kinder manchmal auch einen Hahn geschenkt, um zu lernen, ihn für den Kampf abzurichten.

Philippinen
Hahnenkampf.

Mexiko
Stolze Kämpfer mit Säbeln aus Holz.

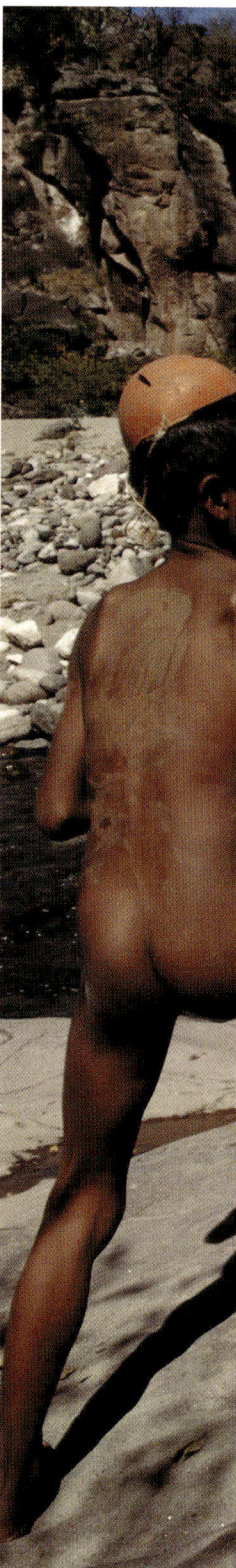

Feuerstein und Bohnenkerne

Mauretanien
Tuareg-Kinder beim Spiel.

Zu Beginn der Welt, so erzählt eine alte Legende der Dogon, als der Himmel noch nah über der Erde hing, pflückten die Mütter ihren kleinen Söhnen Sterne als Spielzeug. Heute zeichnen die Kinder große, konzentrische Kreise vor sich in den Sand und bohren eine Reihe von drei kleinen Löchern. Dies ist die Vorbereitung des Spielfelds für eine Partie *sey,* ein taktisches Versteckspiel, bei dem ein kleiner Feuerstein, ein *tibi,* schnell von Loch zu Loch bewegt wird und schließlich, für den Mitspieler möglichst unsichtbar, in eins fallen gelassen wird. Nun gilt es zu raten, in welchem Loch das Steinchen gelandet ist. Manchmal hilft man seinem Gegenüber mit einem Rätselspruch auf die Sprünge. Bei jeder falschen Antwort des Mitspielers fügt der Gewinner seiner Reihe von Löchern ein neues hinzu. Mit der Zeit wird es immer schwieriger, den Platz des Steinchens zu erraten.

Viele afrikanische Spiele drehen sich um das Verstecken. Das *dosu* gehört zu den Lieblingsspielen der kleinen Mädchen in Benin. Sie verstecken einen Ring im Sand und machen dann ebenso viele Erdhäufchen wie es Mitspielerinnen gibt. Jedes Mädchen wählt einen Haufen, und die Spielerin, die den Ring findet, beginnt eine neue Spielrunde.

Ein anderes Spiel heißt *godo*. Dafür gräbt man ein Garnknäuel ein und muss dann versuchen, es mit einem kleinen Stöckchen zu treffen.

Für Kinder, die nicht gern ruhig sitzen, eignet sich ein Mannschaftsspiel der Bamanan, eine Art umgekehrtes Golf: In der Mitte des Spielfeldes wird ein Loch gegraben, in das man den Kern einer großen Frucht legt. Mithilfe eines gebogenen Stocks versuchen beide Mannschaften den Kern aus dem Loch zu fischen und in ihr Lager zu bringen.

Die Materialien für Spielsteine und ähnliches – Steine, Erde und Kerne – finden sich auf jedem Platz und in jedem Garten, und so existieren in den unterschiedlichsten Ländern der Welt Variationen bestimmter Grundtypen von Spielen: Die Pilaga in Argentinien spielen gerne mit Bambusstückchen, während man in Indien Bohnenkerne bevorzugt.

Zwischen Himmel und Erde

Das Bedürfnis nach Schwindel erregenden Erlebnissen stillen Kinder, indem sie auf Bäume klettern und auf Mäuerchen balancieren, eine Rutsche hinuntersausen oder sich gegenseitig erschrecken. Neben Wettkampfspielen (Ball- oder Murmelspielen, Verstecken), Konstruktionsspielen (Töpfern, Basteln) und Rollenspielen (Verkleidung, Puppen) müssen sich Kinder auch einfach einmal austoben können.

Schaukeln aus Holz, Seilen oder einer verknoteten Liane sind überall auf der Erde beliebt. In manchen Zivilisationen heißt es, beim Schaukeln finde man die Bewegung des Kosmos. Eine indische Legende assoziiert die Schaukel mit Fruchtbarkeit und der Erneuerung der Natur. Einst imitierte ein Priester bei einem alljährlichen Fest Kama, den Gott der Liebe, und Krishna, den Gott der Herden, indem er durch Schaukeln der Sonne beim Aufgehen half. Sein Auf und Ab zwischen Himmel und Erde symbolisierte den Regen.

Und von Kamerun über den Jemen bis nach Kanada schwingen sich Kinder auf ihren Schaukeln immer schneller und höher, der Sonne entgegen, um für einen kurzen Moment den Himmel zu berühren und sich ein bisschen größer zu fühlen. Ein echter Kindertraum!

Zaire
Pygmäenkinder beim Schaukeln im Wald.

▶▶
Sibirien
Ein kleiner Nenet auf seiner Schaukel.

Tanzschritte

Man fasst sich an der Taille oder an den Händen, bewegt sich im Kreis oder in einer Reihe – Tänze zu Gesängen, Musik oder Trommelschlägen sind in allen Kulturen Bestandteil der Tradition. Tänze, mit denen man ursprünglich bei rituellen Festen die Ernte, die Jagd und die Tagundnachtgleiche feierte, haben mit der Zeit Einzug auf den Schulhöfen gehalten, ohne dass die Kinder ihre tiefere Symbolik schon kennen. Bei uns haben sich Tänze erhalten, die noch auf das Mittelalter zurückgehen.

Bevor man sich einer tanzenden Runde anschließen darf, muss man die Bewegungen und den Ablauf verstanden haben. Das gilt auch für den »Tanz der Schlange«, den die Surma in Äthiopien tanzen: Die Kinder gehen in die Hocke und ahmen die schlängelnden Bewegungen des Reptils nach. Tänze wie dieser bereiten die Kinder auf die Initiationsriten vor. Die traditionellen Gesänge und Bewegungsabläufe werden durch Wiederholung an die nächste Generation weitergegeben. Kurze, rhythmische Gedichte mit einfachen Melodien erleichtern es den Kleinsten, die Tanzfolgen zu behalten und mitzumachen.

Zahlreiche Beispiele belegen, dass die Entwicklung von Riten und Spielen oft parallel verlief, und es ist deshalb meist unmöglich zu sagen, ob sich ein Spiel aus einem Ritus entwickelt hat oder umgekehrt. Aber sicher ist, dass zahlreiche Spielregeln von dem jeweiligen religiösen oder mythischen Weltbild beeinflusst sind.

Kamerun
Tanzstunde bei einem Fest.

Zauberlehrlinge

»Froschleben, welch ein elendes Leben!

Ohne Bett oder Matte legt sich der Frosch auf den nackten Boden.

Wenn die Dämonen kommen, die Gürtel um den Körper und Fackeln in den Händen tragen, fragst du: ›Was ist euer Begehr?‹«

Rituelle Fragmente, Bruchstücke eines Kultes – bei manchen vietnamesischen Kindern erscheint das Spiel oft wie eine Parodie oder Verspottung ihrer spirituellen Unterweisung.

In den Nächten des achten Monats nach der Reisernte bewaffnen sich die Jungen mit Räucherstäbchen, und zum Klang der Trommeln und unter Rezitieren monotoner Beschwörungsformeln gewinnt ihr Versteck- und Fangspiel magische Züge.

Dem Glauben an die pflanzliche und tierische Seele zufolge befiehlt der Anführer der Zauberlehrlinge dem Geist des Frosches, in einen der Mitspieler zu schlüpfen, während die anderen gerade noch Zeit haben, sich in den Ecken des Hofes oder im Inneren des Hauses zu verstecken.

Der Besessene hüpft dann so lange in der Hocke über den Hof, bis er von seinem Amphibienleben mit ein paar kräftigen Spritzern eiskalten Wassers erlöst wird.

Dann kann die nächste Runde beginnen.

China
Kletterspiele.

Afrikanisches Halloween

Während des Fastenmonats Ramadan ist bei den kleinen Jungen der Bamanan in Mali das *yogoro*-Spiel sehr beliebt. Sie schließen sich zu Banden zusammen, und zwei von ihnen verkleiden sich: Der eine wird mit Hörnern auf dem Kopf und getrockneten Zweigen an Armen und Fußgelenken zum *yogoro mansa,* einem wilden Fabeltier; der andere schminkt sich das Gesicht oder trägt eine Maske und wird zum *dodoni.* Dann zieht der kleine Trupp von Tür zu Tür und bittet um Almosen.

In jedem Haus beginnt der *yogoro mansa* sogleich einen Tanz, der vom Gesang seiner Freunde begleitet wird. Sollten die Gaben auf sich warten lassen, ruft man den *dodoni* zu Hilfe, der sich zuckend auf den Boden wirft, um die Portion Hirse mit mehr Nachdruck einzufordern.

Doch wehe den Mitgliedern einer anderen Bande, die zufällig ihren Weg kreuzen! Mit hoch erhobenen Ruten wird man ihnen zeigen, wer das Sagen hat. Mit der gesammelten Hirse wird am Ende des Jahres ein großes Festessen abgehalten – und selbstverständlich wird ein gewisser Anteil vor dem Dorf für die Geister der Ahnen ausgestreut.

Zaire
Festbemalung.

Hochfliegende Geister

Ein Drachen war in China zunächst kein Kinderspielzeug, sondern ein Kultgegenstand, der die Toten versinnbildlichte, deren Seelen gleich einem Drachen nur durch einen dünnen Faden mit der Erde verbunden und bei heftigen Stürmen in Gefahr sind.

Vor allem in Asien hat sich der religiöse Charakter des Drachen erhalten. In Japan üben die kleinen Jungen mit großem Ernst, ihn steigen zu lassen, denn wenn er ihnen bei der alljährlichen Zeremonie abstürzt, bedeutet dies im Volksglauben, dass sie in Todesgefahr schweben. In Korea wachte einst ein Drachen über den Schlaf der Könige: Flatterte er die ganze Nacht über dem Palastdach, hieß das, dass der König eine ruhige Nacht hatte. Bis heute steht der Drachen in Korea für eine höhere spirituelle Macht, und lässt man ihn in den Himmel steigen, befreit man sich von seinen schlechten Taten. Das erinnert an einen polynesischen Brauch, bei dem der Drachen auf diese Weise den Zorn der Götter besänftigen sollte.

Die chinesischen Kinder wissen bis heute, dass dieses Spielzeug mit einer Philosophie verknüpft ist, und sie wissen auch um die unterschiedlichen Bedeutungen der Formen: Ein großer roter Fisch steht für Reichtum und Wohlstand, eine Eule für Glück und ein Schmetterlingspaar für ewige Seligkeit.

Doch der Drachen hatte in vielen Kulturen über Jahrhunderte hinweg durchaus auch weltliche Funktionen: In Neuguinea benutzte man ihn zum Ziehen von Booten, in China zum Senden von Nachrichten und in Europa als Höhenmesser.

Peru
Drachen.

Birma
Improvisierter Drachen eines buddhistischen Mönchs.

Magische Puppen

Es ist nicht immer leicht, ein Objekt eindeutig als Spielzeug zu klassifizieren, erkannte Suzanne Lallemand, die als Beispiel die Mossi in Burkina Faso nennt, bei denen eine Puppe sowohl dem Spiel als auch – wenn ihr bestimmte Kräfte übertragen werden – dem Ritus dient.

Der Schmied schnitzt und verkauft Holzpuppen, die die Fruchtbarkeit der Frauen steigern sollen. Gleich nach der Geburt kümmert sich eine Frau zuerst um die Puppe, reibt sie mit Karitébutter ein und befeuchtet sie mit Wasser und dem ersten Tropfen Milch. Die Puppe, die das Kind auf die Welt »geholt« hat, wird die ersten Tage ängstlich gehütet und dann entweder weggeworfen oder dem Mädchen, das mit ihrer Hilfe geboren wurde, zum Spielen überlassen – sie hat nun ihre magisch-religiöse Macht verloren und wird zu einem banalen Spielzeug. Sollte das Mädchen die Puppe jedoch kaputtmachen, deuten das die Erwachsenen als ein Zeichen, dass es später vielleicht nicht schwanger werden könnte oder seine Kinder jung sterben werden.

Die Kinder zwischen sieben und dreizehn Jahren formen gemeinsam Häuser und Figuren aus Ton, die sie in der Sonne trocknen lassen. Es kommt vor, dass der Großvater oder eine Tante ihnen rät, eine dieser Figuren auf den Altar der Ahnen zu stellen. Auf diese Weise gewinnt ein Spielzeug wiederum eine religiöse Bedeutung, da es der Ahnenverehrung dient. Kleine Mädchen stellen nicht selten durch die Zahl der Figuren die Anzahl der später erwünschten Kinder dar und erbitten die Hilfe der Geister der Verstorbenen.

Südamerika
Kleines Mädchen mit seiner Plastikpuppe.

Südafrika
Ein Mädchen der Ndebele neben traditionellen Puppen.

Heilige Bänder, Büffelopfer und Großmutters Geschichten
Initiationsriten, Zeremonien und Traditionen

Mit den Initiationsriten soll ein Kind auf die Eingliederung in die Gemeinschaft vorbereitet werden. Es muss sich endgültig von seinem bisherigen Leben lösen und symbolisch sterben, um wiedergeboren zu werden und seinen Platz in der Gesellschaft einzunehmen.

Die esoterischen Zeremonien und Riten finden immer außerhalb der gewohnten Umgebung des Kindes statt. Die Initianden erwartet die Offenbarung eines Geheimnisses, was im Gegenzug von ihnen Durchhaltevermögen, das Ertragen von Schmerzen und manchmal sogar die Akzeptanz körperlicher Deformationen verlangt. Bemalungen, Kopfschmuck, Tätowierungen, aber auch die Verstümmelungen der Geschlechtsteile verkörpern und symbolisieren den Status des Initianden, den Beginn eines neuen Lebensabschnitts oder sogar die Aufnahme in geheime Kreise.

Die Phase der Initiation geht einher mit dem Vermitteln der Grundkenntnisse auf praktischem, sexuellem, religiösem und moralischem Gebiet. So mussten die Bobo in Burkina Faso während der Initiation die lange Sagengeschichte ihres Volkes lernen, und die Beti in Kamerun die Sitten und Vorschriften ihrer Gesellschaft. Insbesondere in ländlichen Gegenden, haben sich diese und ähnliche Riten bis heute erhalten, doch oftmals in weniger strenger Form. Der Besuch von Schulen und der Einfluss anderer Kulturen haben dafür gesorgt, dass die alten Traditionen mehr und mehr verschwinden. In manchen Kulturgemeinschaften wissen nur noch die Großeltern um die Wurzeln ihres Volkes, und das gemeinsame Gedächtnis wird mit ihnen sterben. Zum Erwachsenwerden gehört nicht nur das theoretische und praktische Wissen, sondern auch das Wissen um das Sein.

Brasilien
Das Ankleiden vor einer Zeremonie.

Askese und reinigende Bäder

Die Erstkommunion im katholischen Glauben symbolisiert den Eintritt in das Alter der Vernunft. In Indien hält man ein Kind von zehn Jahren für reif genug, die ganze Welt der Mythologie zu verstehen und über so entscheidende Fragen nachzudenken wie: Wenn die Götter auf der Erde menschliche Gestalt angenommen haben, können es die Menschen ihnen dann gleichtun und einen göttlichen Zustand erlangen? Je nachdem welcher religiöse Weg gewählt wird, ist die Suche nach Erlösung von verschiedenen Riten geprägt: Ein Junge, der den Weg eines Sadhu einschlägt, lernt zu meditieren, Schmerzen zu ertragen und als Bettler in Demut zu leben. Kennzeichnend für einen Sadhu ist ein zurückgezogenes Leben, fast vollständige Nacktheit und langes, auf dem Kopf verknotetes Haar.

Diesen asketischen Weg verfolgt jedoch nur eine Minderheit. Ein fester Bestandteil im Leben gläubiger Hindus ist allerdings bis heute das Bad im heiligen Ganges. In dem Pilgerort Varanasi, dem einstigen Benares, finden sich alljährlich Tausende von Hindus aller Kasten ein, um dort das reinigende Bad zu nehmen. Kinder, die ihre Eltern von klein auf begleiten, lernen von ihnen die damit verbundenen Gesten. Dem Kind wird beigebracht, sich den Körper mit heiliger Asche zu bedecken, um Shiva, einem der drei Hauptgottheiten des Hinduismus, zu gleichen und ihn damit zu ehren. So wird die Aufnahme des Kindes in die Glaubensgemeinschaft symbolisiert und zum Ausdruck gebracht, dass es von nun an ebenfalls die religiöse Weisheit weiterzugeben vermag.

Indien
Zu Ehren Shivas haben die Jungen sich mit Asche bedeckt.

Ghana
Kleines Krobo-Mädchen mit festlichen Ketten.

Perlensymbolik

Das Überreichen symbolischer Gaben ist oft Ausdruck für die Offenbarung des kollektiven Gedächtnisses einer Gemeinschaft sowie für die Aufnahme in die Welt der Erwachsenen. Die jungen Krobo-Mädchen in Ghana sehen mit Ungeduld dem Tag entgegen, da man ihnen endlich den Gürtel aus Perlen um die Taille legen wird. Diesem wichtigen Ereignis geht eine Initiationszeremonie voraus, die *dipo* genannt wird. Sie dient dazu, die Jungfräulichkeit eines jungen Mädchens festzustellen. Priesterinnen besprenkeln den Bauch des Mädchens mit Kaolin und geweihtem Wasser. Haben sie den Eindruck, dass es schwanger ist, darf es an den Feierlichkeiten im heiligen Wald nicht teilnehmen. Die zugelassenen Mädchen werden von den Frauen zum magischen Stein geführt. Dreimal hintereinander werden sie auf ihn gesetzt, um ihre Reinheit zu prüfen. Salutschüsse der Männer heißen die Mädchen bei ihrer Rückkehr ins Dorf willkommen. Dort tauschen sie vor Beginn der Festlichkeiten ihre Taufarmreife gegen lange bunte Perlenketten ein, die sie von nun an als Zeichen ihrer Weiblichkeit und ihrer sozialen Stellung tragen dürfen. Ihre Mütter schenken ihnen zu diesem wichtigen Ereignis prachtvolle Wickeltücher.

Ghana
Junge Initiandin bei der Rückkehr von der *dipo*-Zeremonie. Zum Zeichen ihrer Jungfräulichkeit trägt sie die Farbe Weiß.

Der lange Weg vom Jungen zum Mann

Als die Welt entstand, war es unmöglich, Mann und Frau voneinander zu unterscheiden, besagt die Mythologie der Baruya in Neuguinea. Die Sonne, der Gott der Schöpfung, hat einen Feuerstein in die Flammen geworfen, der dort zersprang. Durch die glühenden Splitter entstanden die männlichen und weiblichen Geschlechtsteile. In Anlehnung an diesen Mythos muss sich ein Junge von der Geburt bis ins Jugendalter immer wieder Initiationsriten unterziehen, bei denen er seine männliche Identität kennen lernt und unter Beweis stellt.

Der Anthropologe Maurice Godelier hat die verschiedenen Abschnitte dieser Unterweisung verfolgt und festgestellt, dass die Baruya drei große Alters- und Initiationsabschnitte unterscheiden: Das Kind wechselt ohne weitere Zwischenschritte aus der Gruppe der »Babys« direkt in die Gruppe der »Jungen« und dann in die der »großen Jungen«.

Der Wechsel kommt in der Kleidung und in der Lebensweise zum Ausdruck: Bis zum Alter von neun Jahren spielt der Junge mit den Mädchen und trägt wie sie einen langen Wickelrock. Dann wird er von der Mutter und der Welt der Frauen getrennt und lebt fortan mit anderen Gleichaltrigen im »Haus der Männer«. Dort erlernt er auf oft schmerzhafte Weise Mannhaftigkeit und den Respekt vor den Älteren. Sein Wickeltuch aus gewebter Rinde ähnelt immer noch der Kleidung der Mädchen, und er schämt sich noch nicht seiner Nacktheit. Erst mit zwölf Jahren wird er in den Regeln der Körperbedeckung unterwiesen und darf andere Kleidung anlegen. Sein altes Wickeltuch wird in einen hohen Baum gehängt, wo es verrottet. Bei diesem Ritual wird der rasierte Kopf des Jungen sorgsam mit Pflanzensaft, dem Symbol der Fruchtbarkeit, und mit Rinde als symbolischem Schutz bedeckt. Dann darf er erstmals die Federn und die Tracht der Männer tragen. Ein erster Schritt auf dem langen Weg in die Welt der Erwachsenen ist getan.

Papua-Neuguinea
Die Kinder sind für eine Zeremonie geschmückt.

Im Reich der Göttinnen

Für eine kurze Zeit darf bei den Newar in Nepal ein Mädchen zu einer lebendigen Göttin werden, einer Kumari: Das Wort kommt aus dem Sanskrit und bedeutet »junges, jungfräuliches Mädchen« oder auch »Prinzessin«. Die Newar verehren sie als Inkarnation der höchsten Göttin Durga oder Taleju. Die Kumari des Landes verlässt ihren Palast in Katmandu nur an den höchsten Festtagen wie dem Indra Jatra, dem »Fest der Wagen«, im September und dem Dasain im Oktober. Die Füße der Kumari dürfen den Boden nicht berühren, und deshalb wird sie in einen von Menschen gezogenen Wagen gesetzt und durch die Straßen gefahren, damit ihr die Gläubigen Ehrerbietung erweisen können. Selbst der König kniet vor ihr nieder, woraufhin die Kumari ihn symbolisch wieder auf den Thron erhebt.

Um Kumari zu werden, muss man aus einer buddhistischen Familie von Goldschmieden stammen. Priester erwählen die Mädchen im Alter von vier bis fünf Jahren. In Frage kommt nur ein makelloses Mädchen, dessen Haut keine Flecken oder Narben aufweist und das darüber hinaus weder Furcht noch Emotionen bei seiner Prüfung zeigt. Während der letzten Nacht des Dasain-Festes schließen die Priester die Kandidatinnen allein in einen Raum, der gefüllt ist mit heiligen blutigen Büffelköpfen. Um aus dem Raum zu gelangen, müssen sie auf die Köpfe treten. Das Mädchen, das sich davon nicht erschüttern lässt, wird als die Inkarnation der Göttin gefeiert und bis zu seiner Pubertät im Palast residieren. Es sitzt auf einem Thron, seine Füße ruhen in einer Silberschale und seine Stirn ziert das Symbol des dritten Auges – so nimmt es die Opfergaben der Gläubigen entgegen. Ab der ersten Menstruation kehrt die Kindgöttin zu ihrer Familie zurück. Hoffnungen auf eine spätere Heirat kann sie sich kaum machen, denn es heißt, der Mann einer ehemaligen Kumari sterbe jung.

Indien
Eine Prozession auf dem Ganges bei Varanasi.

Nepal
Die Kindgöttin Kumari
auf ihrem Thron.

Kenia
Mädchen der mit den Massai verwandten Samburu tanzen nach der Initiation mit den gerade ernannten Kriegern.

Ausgangserlaubnis

Die Festigung des Bandes zwischen Mensch und Herde ist das Ziel der Initiationsriten für Jungen und Mädchen bei den Massai in Kenia. Jede der einzelnen Zeremonien auf dem Weg vom Kind zum Erwachsenen wird mit einem Tieropfer gefeiert. Der Ritus des »Ausgangs« steht für das Loslösen vom elterlichen Heim. Dabei wird zum einen im engsten Kreis die Mutter geehrt, indem rechts von ihrer Haustür ein Ochse geopfert wird, und zum anderen erhält das Kind einen neuen Namen. Einige Tage später wird die Mutter für die übrigen Frauen des Dorfs einen Hammel zubereiten, denn auch für sie schließt sich ein Kreis, und der erfolgreiche Abschluss der Erziehung ihres Kindes wird ohne Männer gebührend gefeiert.

Von diesem Moment an bereitet sich jeder Massai-Junge auf die folgenden Schritte seiner Initiation vor. Auf Weisung der Stammesältesten muss er seine Arbeit als Hirte niederlegen und sich für die Beschneidung bereithalten. Dazu badet er zuerst in kaltem Wasser, legt sich dann inmitten des Viehpferchs auf die Haut eines heiligen Rinds und stellt sich tot. Die Männer, die kommen, um ihn abzuholen, erwecken ihn symbolisch wieder, und sein neues Leben beginnt nach der Beschneidung.

Der Junge bekommt dafür, dass er die Schmerzen tapfer ertragen hat, Kühe und Schafe geschenkt, und seine Mutter verhilft ihm mit einem Gemisch aus Milch und Kalbsblut zu neuen Kräften. Er gilt von nun an als volljährig und hat Erbansprüche auf die Herde seines Vaters. Doch seine Initiation ist damit noch lange nicht beendet, und er ist auch noch nicht im heiratsfähigen Alter. Für die Massai besteht das Leben aus einer Abfolge von Prüfungen, die man meistern muss, um zu allumfassender Weisheit zu gelangen. Bis der Junge sich Krieger nennen darf, wird noch einige Zeit vergehen.

Eintritt in die Welt der Frauen

Im Zuge ihrer Studien über die Verwendung von Pigmenten in verschiedenen Kulturen fand Anne Varichon heraus, dass Rot bei den die Heiratsfähigkeit betreffenden Riten eine wesentliche Rolle spielt. In vielen Gesellschaften assoziiert man mit Rot die erste Menstruation der jungen Mädchen, und in Afrika symbolisiert Rot mancherorts auch eine bestimmte Stufe im Entwicklungsprozess: Das Kind wird weiß geboren und wechselt langsam die Farbe bis zum Schwarz des Erwachsenen.

Wenn sich im Kongo Mädchen mit kurz geschorenen Haaren von Kopf bis Fuß einen Puder aus rotem Holz auftragen, signalisieren sie damit den Beginn einer Zeit der Isolierung. Zwei bis drei Monate müssen sie jeglichen Kontakt zu den übrigen Dorfbewohnern vermeiden. Dann wird ihre Rückkehr in die Gemeinschaft mit einem ausgiebigen Bad im Fluss eingeleitet: Von diesem Zeitpunkt an gelten sie als heiratsfähig.

Das Erreichen des heiratsfähigen Alters wird in vielen anderen Zivilisationen ebenfalls von einer Phase der Zurückgezogenheit eingeleitet. Die Mädchen der nordamerikanischen Cheyenne kannten eine solche Phase auch; sie dauerte jedoch nur vier Tage. Bei den Zuni-Indianern wurden die jungen Mädchen in den Rang der »Jungfrauen des Mais« erhoben – Mais symbolisiert Fruchtbarkeit – und malten sich die Gesichter rot an.

Überall wurde einst der Eintritt in die Welt der Frauen mit großen Festen begangen, und die Mädchen erhielten Schmuck, Kleidung, Nahrungsmittel und andere Geschenke. Die Ndembu, die in einem Gebiet beheimatet sind, das teils im Kongo, teils in Sambia und teils in Angola liegt, überreichten den Mädchen im gebärfähigen Alter ein mit Ocker bemaltes Küken, um den zukünftigen Bräuten Kinderreichtum zu wünschen.

Senegal
Junge Mädchen beim Tanz.

▶▶
Ghana
Initiationsfeier bei den Krobo.

Das heilige Band

Diese Zeremonie darf weder an einem Montag, noch an einem Mittwoch, Donnerstag oder Freitag stattfinden, denn dies sind unselige Tage, an denen die Übergabe des heiligen Bandes gestört werden könnte. Sie ist für einen indischen Brahmanenjungen zwischen acht und zwölf Jahren das bedeutsamste Ereignis vor seiner Hochzeit, denn er erhält dadurch den Status eines »Zweimalgeborenen« und das Recht, selbst bei religiösen Zeremonien die heiligen Schriften zu lesen. Vor den Feierlichkeiten muss jedoch in jedem Fall der Elefantengott Ganesha, der Hindernisse aus dem Weg räumt, mit Opfergaben wie Reis, Blumen und heiligem Gras geehrt werden. Die Füße der Statue werden gebadet und mit Milch, geronnener Milch, reinem Butterfett *(ghee)*, Zucker und Honig gesalbt. Zum Schluss stellt man Räucherstäbchen auf und malt den schützenden roten Punkt auf die Stirn der Gottheit. Nun erst kann die Zeremonie des heiligen Bandes am darauf folgenden Morgen beginnen: Der Junge sitzt prunkvoll geschmückt westlich von einem heiligen Feuer an der Seite seines Guru und erhält zwei Stücke Stoff – eine symbolische Aufforderung, sich von nun an nie mehr, auch nicht beim Bad, nackt zu zeigen. Dann legt man ihm das heilige Band um die Taille und erklärt ihm, dass die Knoten die ehrenhaften Männer seiner Familie darstellen. Das Band misst sechsundneunzig Mal die Breite von vier Fingern eines Mannes, die für die vier Zustände der Seele stehen: das Wachen, den traumlosen Schlaf, den Traum und das Brahman, das allumfassende Bewusstsein, das Absolute.

Bei Hochzeiten oder anderen freudigen Ereignissen wird das Band an der linken Schulter des Jungen befestigt, bei Beerdigungen an der rechten. Er wird ermahnt, mit dem Band sorgsam umzugehen, und wenn es einmal reißt, soll er unbeweglich und stumm stehen bleiben und die Luft anhalten, bis jemand herbeieilt und ihm ein anderes bringt. Auf Reisen wird er von nun an zur Sicherheit immer ein Ersatzband im Gepäck haben.

Indien
Ritueller Prunk.

Großmutters Geschichten

Die Soziologinnen Claudine Attias-Donfut und Martine Ségalen haben sich gefragt, welches Band die Kinder mit ihren Großmüttern verbindet, und die Rolle der älteren Generationen in verschiedenen Gesellschaften miteinander verglichen.

Bei den Salka in Neuguinea setzt eine Mutter das Leben ihres Kindes aufs Spiel, wenn sie es während einer erneuten Schwangerschaft weiter stillt. Das Kind wird sogleich der Obhut eines älteren Paares, oft den Großeltern, anvertraut, die sich um sein weiteres Wohl kümmern. Diese Rollenverteilung zwischen den biologischen und den Pflegeeltern ist auch in Afrika weit verbreitet. Suzanne Lallemand spricht von einem »Umlauf der Kinder« innerhalb einer Gemeinschaft, weil ein Kind im Laufe seines Lebens durchaus mehrere Ersatzmütter haben kann.

Auch die Wolof im Senegal fördern die Beziehungen zwischen den Generationen, und meist kümmert sich die Großmutter schon bald nach dem Abstillen um das Kind.

Oft ist der Kontakt zur Großmutter weniger von Autorität geprägt als der zu den Eltern. Es ist Raum für Späße und gegenseitige scherzhafte Beschimpfungen, die nicht getadelt werden. Das Lieblingsspiel eines kleinen Mandinka-Jungen in Westafrika ist das Hofieren der Großmutter: Er nennt sie seine »Ehefrau« und spottet über das faltige Gesicht des alten Großvaters.

Als Großmutter genießt man in Afrika Respekt. Sie ist es schließlich, die den Kindern die Lieder, die Sprache und die Familiengeschichte beibringt und Märchen erzählt. Das Alter besitzt die Weisheit oder, wie es der Schriftsteller Amadou Hampâté Bâ aus Mali formulierte: »Wenn in Afrika ein Greis stirbt, verbrennt eine ganze Bibliothek.«

Die Toucouleur in Mauretanien und im Senegal schenken der Großmutter mütterlicherseits zur Taufe eines Kindes ein wenig Geld. Mit dem eher symbolischen Geschenk dankt man ihr für ihre Unterstützung bei der Erziehung der jüngsten Familienmitglieder.

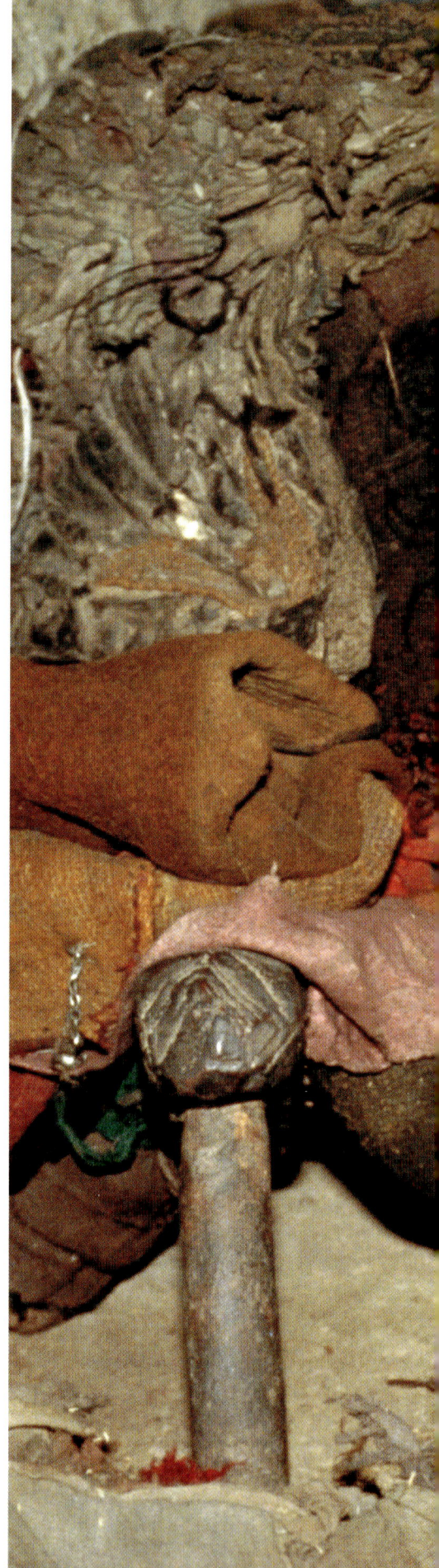

Tibet
Im Bett der Großmutter.

Das Gesetz der Ahnen

In Schwarzafrika, besonders in den kleinen Dörfern, spielt der Ahnenkult, der mit der animistischen Religion in Zusammenhang steht, bis heute eine große Rolle. Der Respekt vor den Ahnen geht jedem Kind in Fleisch und Blut über. Die Geister, zu denen die Vorfahren nach ihrem Tod wurden, stehen in ständigem Kontakt mit den Lebenden des Klans. Ihre unsichtbare Präsenz bestimmt das Handeln und Denken der Nachfahren. Wird den Ahnen nicht der gebührende Respekt gezollt, bekommt man ihre Ungnade in Form von Unglücksfällen zu spüren: Krankheit der Kinder, sturzbachartige Regenfälle oder Hungersnöte.

Ein Kind gilt als ein Geschenk der schützenden Ahnen, sozusagen als eine Belohnung der Eltern, die die überlieferten Gesetze achten. Die Riten, Bräuche und Regeln der Gemeinschaft werden allesamt von den Geistern geschaffen, und deshalb sollte man sich tunlichst davor hüten, sie zu missachten oder zu umgehen. Ein Kind bedeutet für die Eltern nicht nur eine wertvolle Hilfe und eine Altersvorsorge, sondern auch die beruhigende Gewissheit, dass ihre Bestattung später im Einklang mit den Riten durchgeführt werden wird und sie deshalb nach ihrem Tod in die Welt der ehrwürdigen Ahnen eintreten können.

Sudan
Ehrerweisung für den Vorsteher der Koranschule.

Burkina Faso
Ein Großvater mit seinem Enkel.

Das verbotene Krokodil

Jeder ist in der Geschichte seiner Familie verwurzelt. Mit dem Namen sind zwangsläufig Träume, Konflikte, Verbote und ethische Grundsätze verwoben. Und jedem Einzelnen obliegt es, die Gegebenheiten der vorhergehenden Generation weiterzuentwickeln und zu bereichern. »Wenn du nicht weißt, welchen Weg du einschlagen sollst, blicke auf den Weg zurück, den du gekommen bist«, lautet eine alte afrikanische Weisheit. Das Erzählen der vielleicht auch bewegten und verwirrenden Familiengeschichte vermittelt der jungen Generation Kontinuität und Halt. In Europa sind oftmals die Vornamen die Träger des gemeinsamen Gedächtnisses, bei den Bambara steht dagegen der Vorname für die Zugehörigkeit zu einem Familienverband und für die Individualität. Der Familienname des Vaters ist von besonderer Bedeutung, denn die Sagen, die sich um den Ursprung des Namens ranken, verweisen auch auf die Urahnen der Schöpfung. Manche Namen binden ihre Besitzer an ein Verbot, beispielsweise eine bestimmte Pflanze oder ein bestimmtes Tier zu essen, da sie die geistige und körperliche Gesundheit gefährden könnten. Bei den Traoré ist das Krokodil das verbotene Tier, bei den Diara der Löwe.

Mit dem Namen verknüpft ist oft auch ein Leitsatz. Für die Diara bedeutet er eine Huldigung der Heldentaten ihrer Ahnen: »Diara, Zan von Nayola, Yari von Nayola, dein Großvater hat die Welt wie eine Sichel gebogen und sie wieder zu einem geraden Pfad gerichtet; Enkel Gottes auf Erden, Diara!« Das Rezitieren dieses Leitsatzes ist dem Hüter der Sprache, dem Griot, vorbehalten, der dafür entlohnt wird. Und wehe den Geizigen, denn ihre Familie wird keine Lobpreisungen vernehmen! In den Dörfern ist diese Tradition öffentlicher Lobreden bis heute sehr lebendig und für die Kinder ein Bollwerk gegen das Vergessen.

Burkina Faso
Ein Großvater erzählt seinem Enkel die alten Sagen.

Das Geheimnis der Steppe

Kinder sind der Stolz und das Glück der Mongolen. »Gibt es kein Kind, das euren Ärmel nass macht, dann gibt es niemanden, um Erde auf euren Leichnam zu werfen«, sagt eine alte Volksweisheit. Vor dreißig Jahren wurde die Geburt eines Kindes noch als großer Segen begrüßt. Die Geburtenrate war niedrig, die Todesrate aber sehr hoch, und so versuchte man seine Nachkommen – auch uneheliche Kinder waren willkommen – durch alle nur erdenklichen Vorsichtsmaßnahmen zu schützen.

Zu den alten Bräuchen, die inzwischen verloren gegangen sind, zählte das Befestigen eines roten Tüchleins an der Jurte, in der gerade ein Kind geboren wurde. Alle jungen Frauen der Nachbarschaft eilten dann herbei, denn es hieß, Fruchtbarkeit sei ansteckend. In jedem Fall werden kleine Mongolenkinder, heute nicht anders als damals, wie kleine Könige behandelt. Wenn sie die Erwachsenen stören, begnügt man sich damit, sie laut als »lärmende Hündin« oder »Schlauch voller Exkremente« zu beschimpfen, ohne jedoch Strafen anzudrohen. Aber jeder in der mongolischen Gemeinschaft kennt seinen Platz, und ein Großvater wird seine Enkel immer wieder gerne an das Sprichwort erinnern: »Selbst wenn ein Wolf alt geworden ist, bleibt ihm noch genug Kraft, es mit sieben Hunden aufzunehmen.« Wie in anderen Kulturen auch, sind heute oft die Großeltern die letzten Bewahrer eines aussterbenden kollektiven Gedächtnisses. Die mongolischen Großväter erzählen ihren Enkeln gern die *Geheime Geschichte der Mongolen,* das Heldenlied des Dschingis Khan, sagen ihnen Gedichte auf oder sprechen von der Steppe und den Pferden, die man beim großen Naadam-Fest am 11. Juli alljährlich in Ulan Bator bewundern kann. Bei diesem Fest misst man sich im Bogenschießen, im Schachspiel, aber auch in der Dichtkunst – es versteht sich von selbst, dass dabei oft das Pferd im Mittelpunkt steht.

Mongolei
Großväter mit ihren Enkeln.

Der Schatz der Akha

Wenn man in dem ursprünglich aus dem chinesischen Yünnan stammenden Volk der Akha in Thailand aufwächst, dann muss man seine Ohren schon sehr früh spitzen, um zu lernen, sich in der Ahnengeschichte der väterlichen Linie zurechtzufinden – es gibt sie nämlich nicht in schriftlicher Form. Die Alten, denen selbst Sonne und Mond lauschen, überliefern mündlich die Familiengeschichte, damit sich die Traditionen nicht verlieren.

Jeder Akha, der etwas auf sich hält, muss bei besonderen Zeremonien oder bei einem Todesfall in der Familie die sechzig Namen seiner Vorfahren bis hin zu den frühesten Anfängen aufsagen können. Darüber hinaus kennt er die Routen, die die Ahnen bei ihren Wanderungen von China nach Thailand und nach Birma genommen haben. Die Kinder begreifen sich bald als Teil einer langen Kette und ahmen schon früh den Vater nach, um später selbst ein Bindeglied zwischen den Ahnen und den Nachkommen zu werden. Sie beobachten, wie man die Opfergaben in der Nähe des Familienaltars aufstellt. Die Speisen sollen die Ahnen nähren, damit diese wiederum für Nahrung, Wohlstand, Gesundheit und das Glück der lebenden Familienmitglieder sorgen.

Die fünf kleinen Schüsselchen auf dem Opfertisch werden also mit Hähnchen und anderen Leckereien gefüllt. Dann dreht das Familienoberhaupt dem Tisch aus Höflichkeit den Rücken zu, damit die Götter herunterkommen und sich bedienen können. Nun wird die Familie für ein gemeinsames Ritual zusammengerufen: Das Oberhaupt nimmt etwas von jeder Opfergabe, isst und teilt an alle anderen ebenfalls einen Bissen aus. Am Neujahrstag sowie zur Zeit der Reissaat und -ernte versucht man, die Ahnen mit den Opfergaben besonders zu verwöhnen. Wenn diese Praktiken eines Tages durch den Einfluss dominanter Kulturen verschwinden, oder auch deshalb, weil sie nicht mehr von den Alten an die Jungen weitergegeben werden, wird der »Schatz der Akha«, das heißt die Gesamtheit ihrer Riten und Traditionen, aussterben. Aber der folgende Segensspruch wird vielleicht auch zukünftige Generationen schützen: »Wo immer ihr auch seid, was immer ihr auch erlebt, mögen eure Füße nicht straucheln, eure Arme nicht nachgeben, mögen eure Worte sich als wahr erweisen, eure Hoffnungen sich erfüllen; möge euch eure Arbeit ernähren und alles, was ihr unternehmt, von Erfolg gekrönt sein …«

China
Eine Großmutter und ihr Enkel beim Mittagessen.

Tibet
Ein Zwillingspärchen mit seiner Großmutter.

Die Familie ist heilig

Einen besonders wohlhabenden, weisen oder berühmten Vorfahren in seiner Ahnengalerie zu haben, ist gewiss nicht schlecht, doch in Indien zählt das wenig im Vergleich zu einem heiligen Eremiten, der zurückgezogen und asketisch in einer Grotte lebte und die Erlösung suchte. Die Familie ist in Indien heilig, und auch wirtschaftliche Zwänge und der Einfluss des Westens vermögen diese Einheit nicht zu zerstören. Es ist noch gar nicht lange her, da bestand eine traditionelle Familie aus den Eltern sowie den Söhnen mit ihren Frauen und Kindern und umfasste mehrere Generationen. Diese Gemeinschaft war nach einer strengen Hierarchie organisiert, die jedem seine Rechte, Pflichten und selbst die Art, mit Älteren und Jüngeren zu sprechen, genau vorschrieb.

Besonders die Söhne hatten zu ihrer Mutter eine derart enge Verbindung, dass die bei uns so wichtigen Begriffe Abnabelung und Unabhängigkeit vollkommen fehl am Platz sind, wenn man die frühe Kindheit in einer indischen Großfamilie beschreiben möchte. Bis heute sind die Eltern Vorbild und Autorität, und darüber hinaus stellen sie das verbindende Glied zwischen den Ahnen und den übrigen Familienmitgliedern dar. Der Vater steht in Indien für die sittliche Erziehung, die Mutter dagegen für die spirituelle – sie überliefert den Kindern die Geschichten der Götter.

Indien
Ein Großvater wärmt die Füße seines Enkels am Feuer.

Sri Lanka
Kleines Mädchen mit seinem Großvater.

Der Geist der Weisheit

In Bhutan ist es von jeher üblich, dass zu jeder Familie ein Mönch gehört. Die Eltern erwählen eins ihrer Kinder, das im Alter von sechs oder sieben Jahren ins Kloster eintritt. Dort lernt es, die rituellen Texte zu deklamieren. Die kleinen Mönche sind nicht im Kloster eingeschlossen, sie können ins Dorf gehen und andere Familien besuchen, solange sie sich abends wieder im Kloster einfinden.

In Nepal wurde 1997 im Kloster von Shechen ein kleiner Junge inthronisiert und von den tibetischen Mönchen als Reinkarnation des 1991 verstorbenen großen Meisters des Vajrayana-Buddhismus Dilgo Khyentse Rinpoche gekrönt. Sein Leben und seine Erziehung änderten sich mit einem Schlag; so ergeht es allen Tulkus, das heißt allen Reinkarnationen der großen Meister. Ein Tulku wird anhand von Zeichen, Träumen und schriftlichen wie mündlichen Prophezeiungen des Lama, dessen Wiedergeburt er ist, gefunden und dann im Kloster in den heiligen Lehren, der Philosophie und der Weisheit der Ahnen unterwiesen. Er ist ständig von seinen Lehrern umgeben und darf nur noch einmal im Jahr seine Familie besuchen. Sollte er später im Kloster bleiben, gilt für ihn das Zölibat, doch diese Entscheidung muss er erst als Erwachsener treffen. In jedem Fall wird ihm seine priviligierte buddhistische Erziehung bei der Beherrschung seines Geistes von Nutzen sein.

Auch mit den Schriften seines verehrten Vorgängers wird der Junge vertraut werden. Er wird lernen, dass, wer seinen Geist beherrscht, auch seinen Körper und seine Worte beherrscht, und dass, wer dies erreichen will, sich in jedem Moment seiner Gedanken und Taten bewusst sein muss. Ein zerstreuter Geist wird sich vergeblich mühen; keine Mantras, weder Gebete noch tausend Kniefälle werden negative Gefühle wie Neid oder Hochmut ausmerzen. Um sich von diesen unvollkommenen Eigenschaften zu befreien, muss ein Kind von klein auf seine Gedanken kontrollieren und Stolz oder Missgunst bekämpfen.

Tibet
Ein junger Mönch hilft einem alten Meister auf seinem Spaziergang.

Bibliografie

Allgemein

Aitmatow, Tschingis: *Ferne Heimat Kirgisien*. Knesebeck, München 1999

Ansprenger, Franz: *Politische Geschichte Afrikas im 20. Jahrhundert*. C.H. Beck, München 1999

Bachmann, Bill/Winton, Tim: *Australiens Farben. Menschen, Bilder, Landschaften*. Frederking & Thaler, München 1995

Beckwith, Carol/Fisher, Angela: *Unbekanntes Afrika. Völker und Kulturen zwischen Hochland, Wüste und Ozean*. DuMont monte, Köln 2000

Bertram, Jürgen: *Mein Australien. Begegnungen mit dem Fünften Kontinent*. Vgs Verlagsgesellschaft, Köln 2000

Binder, Franz/Rode, Winfried: *Bhutan. Königreich des Donnerdrachen*. Hirmer, München 2002

Brandes, Jörg-Dieter: *Spuren im Wüstensand. Die Geschichte der Beduinen vom Jemen bis zum Maghreb*. Thorbecke, Ostfildern 2001

Brody, Hugh: *Jäger des Nordens. Menschen in der kanadischen Arktis*. Hammer, Wuppertal 1998

Das Afrika-Lexikon. Hg. v. Jacob E. Mabe. Hammer/Metzler, Wuppertal/Stuttgart 2001

Die visuelle Weltgeschichte der alten Kulturen. Gerstenberg, Hildesheim 2000

Eisenhofer, Stefan/Guggeis, Karin: *Afrikanische Kunst. Fakten, Preise, Trends*. Deutscher Kunstverlag, München 2002

Fage, John D./Oliver, Roland: *Kurze Geschichte Afrikas*. Hammer, Wuppertal 2002

Frei, Rolf/Passlick, Tonio/Mayerle, Oliver: *Buschmänner. Eine Reise zur Urbevölkerung Namibias*. Hess, Göttingen 2001

Gebhard, Peter: *Der Weg der Inka. Durch die Anden zum Amazonas*. Frederking & Thaler, München 2001

Heermann, Ingrid/Menter, Ulrich: *Gemaltes Land. Kunst der Aborigines aus Arnhemland, Australien*. Dietrich-Reimer-Verlag, Berlin 1994

Hirschfelder, Arlene: *Die Geschichte der Indianer Nordamerikas*. Gerstenberg, Hildesheim 2001

Horak, Renate/Rainer, Kurt: *Jemen*. Akademische Druck- und Verlagsanstalt, Graz 2001

Jacobsohn, Margaret/Pickford, Peter und Beverly: *Himba, Die Nomaden Namibias*. Hess, Göttingen 2001

Kuznetsova, Ljalja: *In der Weite der Steppen*. Knesebeck, München 1998

Lateinamerika am Ende des 20. Jahrhunderts. Hg. v. Detlef Junker/Dieter Nohlen/Hartmut Sangmeister. C.H. Beck, München 1994

Ludwig, Klemens: *Birma*. C.H. Beck, München 1997

Malaurie, Jean: *Der Ruf des Nordens. Auf den Spuren der Inuit*. C.J. Bucher, München 2001

Martin, Michael: *Die Wüsten Afrikas*. Frederking & Thaler, München 2002

Maybury-Lewis, David: *Völker der Erde*. National Geographic, Hamburg 2002

Nehberg, Rüdiger: *Yanonámi. Überleben im Urwald*. Piper, München 2001

Nicolaisen, Arne/Waterkamp, Rainer: *Peru. Im Reich der Inka*. C.J. Bucher, München 2001

Nomachi, Kazuyoshi: *Tibet*. Frederking & Thaler, München 1997

Peel, Mark: *Kleine Geschichte Australiens*. dtv, München 2000

Pfannmüller, Günther/Klein, Wilhelm: *Unantastbar – Von der Würde des Menschen*. Zweitausendeins, Frankfurt/M. 2002

Politisches Lexikon Asien, Australien, Pazifik. Hg. v. Werner Draguhn/Rolf Hofmeier/Mathias Schönborn. C.H. Beck, München 1989

Politisches Lexikon Lateinamerika. Hg. v. Peter Waldmann/Heinrich-Wilhelm Krumwiede. C.H. Beck, München 1980

Potschka, Boris/Pannke, Peter: *Indien. Fest der Farben*. Frederking & Thaler, München 2000

Roßhauber, Erich/Rudolph, Ekkehart: *Die Kinder der Sonne. Reise zu den Dogon in Westafrika*. Nymphenburger, München 1996

Sarno, Louis: *Der Gesang des Waldes. Mein Leben bei den Pygmäen*. Carl Hanser Verlag, München 1993

Sèbe, Alain: *Touknout. Faszination der algerischen und libyschen Sahara*. Schillinger Verlag, Freiburg 1996

Ders./Sèbe, Berny: *Sahara. Unbekannte Wüste vom Atlantik bis zum Nil*. Belser, Stuttgart 2002

Sehen, Staunen, Wissen: China. 2000 Jahre Geschichte – vom Bau der Großen Mauer bis zum letzten Kaiser. Gerstenberg, Hildesheim 1995

Swift, Anthony/Perry, Ann: *Nomaden. Auf den Spuren der Tuareg, Inuit und Aborigines*. Knesebeck, München 2001

Trotha, Désirée von: *Heiße Sonne – Kalter Mond. Tuaregnomaden in der Sahara*. Frederking & Thaler, München 2002

Valli, Eric: *Himalaya*. Knesebeck, München 2002

Ders./Summers, Diane: *Aufbruch am Ende der Welt. Die abenteuerliche Reise der Salzkarawanen im Himalaya*. Gruner & Jahr, Hamburg 1994

Vargas Llosa, Mario/Corral Vego, Pablo: *Anden*. National Geographic, Hamburg 2002

Weck, Christine de: *Reisen in Afrika auf den Spuren der Mongolen und Turkvölker*. Hans Huber, Bern 1998

Weihreter, Hans: *Westhimalaya. Am Rande der bewohnbaren Erde*. Akademische Druck- und Verlagsanstalt, Graz 2001

Wolf, Michael/Maass, Harald: *China im Wandel*. Frederking & Thaler, München 2001

Heim und Familie

Andritzky, Michael: *Oikos. Von der Feuerstelle zur Mikrowelle. Haushalt und Wohnen im Wandel*. Anabas, Frankfurt/M. 1992

Brauen, Martin: *Irgendwo in Bhutan. Wo Frauen (fast immer) das Sagen haben*. Verlag im Waldgut, Frauenfeld 1994

Courtney-Clarke, Margaret: *Die Berber-Frauen. Kunst und Kultur in Nordafrika*. Frederking & Thaler, München 1997

Dies.: *Die Farben Afrikas. Die Kunst der Frauen von Mauretanien, Senegal, Mali, Elfenbeinküste, Burkina Faso, Ghana, Nigeria*. Frederking & Thaler, München 1996

Dies.: *Ndebele. Die Kunst der Frauen Südafrikas*. Frederking & Thaler, München 1995

Kakar, Sudir: *Kindheit und Gesellschaft in Indien. Eine psychoanalytische Studie*. Stroemfeld, Frankfurt/M. 1988

Menzel, Peter: *So lebt der Mensch. Familien aus aller Welt zeigen, was sie haben*. Gruner & Jahr, Hamburg 2002

M.I.L.K.: *Familie. Augenblicke der Menschlichkeit*. Knesebeck, München 2001

M.I.L.K.: *Freundschaft. Augenblicke der Menschlichkeit*. Knesebeck, München 2001

M.I.L.K.: *Liebe. Augenblicke der Menschlichkeit*. Knesebeck, München 2001

Silvester, Hans/Clément, Catherine: *Indien. Die Frauen der Wüste Thar*. C.J. Bucher, München 2001

Körper und Schmuck

Fisher, Angela: *Afrika im Schmuck*. DuMont monte, Köln 2000

Gröning, Karl: *Geschmückte Haut. Eine Kulturgeschichte der Körperkunst*. Frederking & Thaler, München 2001

Ders.: *Hände berühren, begreifen, formen*. Frederking & Thaler, München 2000

Odoul, Jens/Portrait, Rémy: *Was Haare verraten*. Aurum, Braunschweig 2000

Nahrung und Essen

Bhumichitr, Vatcharin: *Rezepte aus Südostasien. Die traditionelle Esskultur im modernen Birma, Kambodscha, Laos, Malaysia, Singapur, Thailand, Vietnam*. Christian, München 1998

Caldicott, Chris/Caldicott, Carolyn: *Die Gewürzstraßen der Welt. Reisenotizen und Rezepte*. Christian, München 2002

Die Religionen und das Essen. Hg. v. Perry Schmidt-Leukel. Diederichs/Hugendubel, München 2000

Gwinner, Thomas: *Das China – Kochbuch. Die besten Originalrezepte aus den Provinzen Chinas.* Gräfe und Unzer, München 2001

Hirschfelder, Gunther: *Europäische Esskultur. Eine Geschichte der Ernährung von der Steinzeit bis heute.* Campus, Frankfurt/M. 2001

Jackson, Vicki: *Multi Kulti. Die besten vegetarischen Rezepte aus aller Welt.* Nietsch, Freiburg im Breisgau 1996

Paczensky, Gert von/Dünnebier, Anna: *Kulturgeschichte des Essens und Trinkens.* Orbis, Niedernhausen 1999

Stow, Josie/Baldwin, Jan: *Eine kulinarische Reise durch Afrika. Außergewöhnliche Rezepte und Serviervorschläge.* Augustus, München 2000

Rituale und Religion

Beckwith, Carol/Fisher, Angela: *Afrika. Kulte, Feste, Rituale.* C.J. Bucher, München 1999

Godelier, Maurice: *Die Produktion der großen Männer. Macht und männliche Vorherrschaft bei den Baruya in Neuguinea.* Campus, Frankfurt/M. 1987

Hauth, Rüdiger: *Kompaktlexikon Religionen. Etwa 2000 Artikel über Sekten, Weltreligionen, Kulte, Philosophien, Neue Religionen, Götter & Riten, Personen & Schriften, Ideen & Ideologien.* R. Brockhaus, Haan 1998

Lunde, Paul: *Islam. Gegenwart und Geschichte.* Gerstenberg, Hildesheim 2002

Nelson, Felicitas H.: *Symbolsprache der Talismane und Amulette.* Schirner, Darmstadt 2001

Rammé Firlefanz, Anke: *Körpermalerei & Ritual. Ein Praxisbuch.* Arun, Engerda 2001

Renaudeau, Michel/Wanono, Nadine: *Dogon. Tänze, Masken, Rituale.* Knesebeck, München 1998

Ricard, Matthieu/Föllmi, Olivier/Föllmi, Danielle: *Buddhismus im Himalaya.* Knesebeck, München 2002

Scrobogna, Bruno: *Traumzeit Wanderer. Von den Mythen der Ureinwohner Australiens.* Brandstätter Verlag, München 1999

Sehen, Staunen, Wissen: Afrika. Rituale und Feste, Kunst und Handwerk des faszinierenden Schwarzen Erdteils. Gerstenberg, Hildesheim 1996

Sehen, Staunen, Wissen: Azteken, Inka, Maya. Alltag, Religion, Kunst. Gerstenberg, Hildesheim 1994

Sehen, Staunen, Wissen: Tanz. Von der Magie des klassischen Balletts bis zum feurigen Flamenco – Tänze aus aller Welt. Gerstenberg, Hildesheim 1999

Tawfik, Younis: *Islam.* Scherz, München 2000

Filmografie

Legende: AUS = Australien; BF = Burkina Faso; BOL = Bolivien; BR = Brasilien; CDN = Kanada; CH = Schweiz; CN = China; CO = Kolumbien; CU = Kuba; D = Deutschland; DZ = Algerien; F = Frankreich; GB = Großbritannien; GM = Gambia; GW = Guinea Bissau; HK = Hongkong; IND = Indien; IR = Iran; PE = Peru; SN = Senegal; TM = Turkmenistan; UdSSR = Sowjetunion; USA = Vereinigte Staaten von Amerika; VE = Venezuela

Spielfilme

Bab el-Oued City. R.: Merzak Allouache, DZ 1994; Kontakt: Fachstelle Filme für eine Welt, Bern

Bando und der goldene Fußball. R.: Cheik Doukouré, F/GW 1993; Kontakt: Medienpädagogisches Zentrum Land Brandenburg, Potsdam

Bashu – Der kleine Fremde. R.: Bahram Beyzaie, IR 1989; Kontakt: Fachstelle Filme für eine Welt, Bern

Central Station. R.: Walter Salles, BR/F 1997; auf Video/DVD im Handel erhältlich

Der mit dem Wolf tanzt. R.: Kevin Costner, USA/GB 1990; auf Video/DVD im Handel erhältlich

Die kleine Verkäuferin der Sonne. R.: Djibril Diop Mambéty, SN/CH/F 1999; Kontakt: Fachstelle Filme für eine Welt, Bern

Ganesh. R.: Giles Walker, CDN 1993; Kontakt: Bundesverband Jugend und Film e.V., Mainz

Gregorio. R.: Fernando Espinoza, Stefan Kaspar, Alejandro Legaspi, PE 1984; Kontakt: Fachstelle Filme für eine Welt, Bern

Gregorio und Juliana. R.: Augusto Tamayo, PE 1995; Kontakt: Fachstelle Filme für eine Welt, Bern

Imúhar – Eine Legende. R.: Jacques Dubuisson, F 1997; Kontakt: Igel Media, Hamburg

Juliana. R.: Fernando Espinoza, Alejandro Legaspi, PE 1988; Kontakt: Fachstelle Filme für eine Welt, Bern

Karakum. R.: Arend Agthe, D/TM 1992/1993; Kontakt: Medienpädagogisches Zentrum Land Brandenburg, Potsdam

Kleine Revolte. R.: Olegario Barrera, VE 1985; Kontakt: Medienpädagogisches Zentrum Land Brandenburg, Potsdam

König der Masken. R.: Wu Tian Ming, CN/HK 1996; Kontakt: Fachstelle Filme für eine Welt, Bern

Mein kleiner Partner. R.: Paolo Agazzi, BOL 1982; Kontakt: Bundesverband Jugend und Film e.V., Mainz

Mossane. R.: Safi Faye, SN/D/F 1996; Kontakt: Evangelisches Zentrum für entwicklungsbezogene Filmarbeit, Stuttgart

Nirgendwo in Afrika. R.: Caroline Link, D 2001; auf Video/DVD im Handel erhältlich

Quiero ser – Gestohlene Träume. R.: Florian Gallenberger, D 1995; Kontakt: Katholisches Filmwerk, Frankfurt/M.

Salaam Bombay. R.: Mira Nair, IND/F/GB 1998; Kontakt: Evangelisches Zentrum für entwicklungsbezogene Filmarbeit, Stuttgart

Sieben Jahre in Tibet. R.: Jean-Jacques Annaud, USA 1997; auf Video/DVD im Handel erhältlich

Urga. R.: Nikita Michalkow, F/UdSSR 1991; Kontakt: Bundesverband Jugend und Film e.V., Mainz

Wo ich zu Hause bin. R.: Bruce Pittman, CDN 1989; Kontakt: Medienpädagogisches Zentrum Land Brandenburg, Potsdam

Wo ist das Haus meines Freundes? R.: Abbas Kiarostami, IR 1987; Kontakt: Evangelisches Zentrum für entwicklungsbezogene Filmarbeit, Stuttgart

Yaaba. R.: Idrissa Ouedraogo, BF/F/CH 1989; Kontakt: Medienpädagogisches Zentrum Land Brandenburg, Potsdam

Dokumentarfilme

Adalil – The Mistress of Tents (Adalil – Die Herrin der Zelte). R.: Sylvie Banuls, Peter Heller, D 1990; Kontakt: Filmkraft Filmproduktion, München

Amantani – Insel der Sterne. R.: Ute Wagner-Oswald, D 1997; Kontakt: Wagner-Oswald-Filmproduktion, München

Angano ... Angano ... Geschichten aus Madagaskar. R.: César Paes, F 1989; Kontakt: Fachstelle Filme für eine Welt, Bern

Arabien: Stätten, so alt wie die Zeit. R.: Petra Schulz, D 1998; Kontakt: Interaktive Kommunikation, Mainz

Asikel – The Journey (Asikel – Die Reise). R.: Sylvie Banuls, Peter Heller, D 1990; Kontakt: Filmkraft Filmproduktion, München

Buena Vista Social Club. R.: Wim Wenders, D/CU/USA 1999; auf Video/DVD im Handel erhältlich

Chaupi Mundi – Die Mitte der Welt. R.: Antje Starost, Hans-Helmut Grotjahn, D 1992; Kontakt: Evangelisches Zentrum für entwicklungsbezogene Filmarbeit, Stuttgart

Das Fest der Ringer. R.: Ulla Fels, Essibye Augustin Diatta, D 1999; Kontakt: Felsfilm, Hamburg

Die Töchter der sieben Hütten. R.: Uschi Madeisk, Klaus Werner, D 1997; Kontakt: Katholisches Filmwerk, Frankfurt/M.

Einmal im Leben ins Kino. Ein Film zum Thema Kinderarbeit. R.: Alice Schmid, IND/D/CH 1999; Kontakt: Evangelisches Zentrum für entwicklungsbezogene Filmarbeit, Stuttgart

Folley – Buschgeister tanzen im Rauch. R.: Marlene Dittrich-Lux, D 1990; Kontakt: Wilde Früchte Filmproduktion, Bensheim

Freiheit – Gleichheit – Mütterlichkeit. R.: Sylvie Banuls, Peter Heller, D 1997; Kontakt: Filmkraft Filmproduktion, München

Khallil, Sohn der Sahara. R.: Heike Fritz, Stephan Krause, D 1997; Kontakt: Krause Filmproduktion, Eichenau

Le Métis – Straßenkinder in Burundi. R.: Joseph Bitami, F 1996; Kontakt: Fachstelle Filme für eine Welt, Bern

Living Buddha. R.: Clemens Kuby, D 1994; Kontakt: mind films GmbH, Garching

Mit Fischen und Vögeln reden. Bei den Záparo-Indianern im Urwald Ecuadors. R.: Rainer Simon, D 1999; Kontakt: Telepol, München

Ntaaling-Ntaaling! – Taaling Diimaa! Erzählerinnen in Gambia. R.: Ulla Fels, GM/D 1998; Kontakt: Felsfilm, Hamburg

Risse in der Maske – Cracks in the Mask. R.: Frances Calvert, D/AUS/CH 1997; Kontakt: Fachstelle Filme für eine Welt, Bern

Teufelszeug. R.: Katrin Mehlhop, D 2000/2001; Kontakt: Ergo Film + TV, Berlin

Töchter der Gewalt. R.: Maria Barea, D/PE 1998; Kontakt: ZDF Filmredaktion 3sat, Mainz

Todas – Am Rande des Paradieses. R.: Clemens Kuby, D 1996; Kontakt: mind films GmbH, Garching

Wo der Himmel auf die Erde trifft – Kirgistan. R.: Frank Müller, D 1999; Kontakt: Euro Arts International, Stuttgart

Zauber der Anden – Wandel an der Laguna La Cocha. R.: Gerlinde Böhm, D/CO 1998; Kontakt: ZDF-Kultur/Arte, Mainz

Internettipp

Unter *www.friedenspaedagogik.de* bietet das Institut für Friedenspädagogik Tübingen e.V. auf seiner Website unter den Stichpunkten »Service«, »Who is Who« Adressen, Telefonnummern und Links zu Internetseiten von überregionalen Hilfs- und Umweltschutzorganisationen, Bildungswerken und Stiftungen. Dort finden sich zum Beispiel die Anschriften der Arbeitsgemeinschaft Regenwald und Artenschutz, der Gesellschaft für bedrohte Völker, der Kindernothilfe, der Deutschen Welthungerhilfe und des Weltladen-Dachverbands.

Bildnachweis

(r = rechts, l = links)

BOXFORD, **Robert Estall Photo Library**/A. Fisher-C. Beckwith: 44, 60 l, 60 r, 61, 67, 71, 76, 96, 97, 210, 211, 220–221;
LE PERREUX, **Michel Dortes**: 10–11;
LIMOURS, **Studio B**/Black Star/S.C. Cocuzza: 204; C. Karp: 32; C. Purcell: 12–13; J. Rubin: 23; P. Stone: 25; F. Ward: 108; **Studio X**/C. Jungblut: 16; T. Leeser: 84;
MALAKOFF, **Étienne Dehau**: 102–103, 111, 156–157;
NAIROBI, **Nigel Pavitt**: 28–29, 47, 142–143, 216–217;
OXFORD, **Oxford Scientific Films**/E. Bartov: 68–69; D. J. Cox : 233; C. Monteath: 77; A. Root: 128–129; S. Turner: 104–105
PARIS, **Ana**/B. Cavanagh: 166–167; M. Huteau: 80, 81; M. & A. Kirtley: 58–59, 62, 62–63 – **Christophe Boisvieux**: 36–37, 40–41, 50, 55, 89, 107, 131, 134, 150, 168, 203, 214 – **Contact Press images**/J.-C. Coutausse: 174 ; C. Humberto: 135, D. Mehta: 234 – **Cosmos**/B. & C. Alexander: 17, 75, 133, 158, 159, 184, 194–195; Aurora/R. Caputo: 125; H. Bamberger: 190–191; Focus/K. Johantges: 208–209; R. Frerck: 138; P. Khon: 206; R. Klingholz: 122–123; P. Maitre: 200; P. Menzel: 56–57; S. Sibert: 35, 79; Taurines: 21, 53, 98; Woodfin Camp/Momatiuk-Eastcott: 74 – **Catherine et Bernard Desjeux**: 18–19 – **Diaf**/P. Cheuva: 148–149; R. Mazin: 155 – **Editing**/Panos Pictures/J. Holmes: 24; N. Robinson: 193; D. Sansoni: 235; L. Taylor: 85 – **Explorer**/P. Bordes: 14, 119; J.-P. Hervy: 228; P. Le Floch: 139; G. Philippart de Foy: 10, 18, 69, 82–83, 118; A. Reffet: 26–27 – **François Guénet**: 30–31, 160, 204–205 – **Suzanne Held**: 37, 116–117, 222–223 – **Hémisphères**/C. Boisvieux: 8; P. Frilet: 151; B. Gardel: 136–137; N. Reynard: 54, 100–101 – **Hoa-Qui**/Y. Arthus-Bertrand: 140–141; J. Bock: 182–183; M. Bruwier: 99, 186–187; Courtney-Clarke: 70; V. Durruty: 88; Jouan/Rius: 20, 92–93; J.-L. Lenee: 46; E. Lobo: 126–127; J.-L. Manaud: 178, 179; O. Martel: 48–49, 95; M. Renaudeau: 51, 52–53, 64–65, 172, 173, 196–197, 218–219; M. Troncy: 163; E. Valentin: 170; B. Wojtek: 144; X. Zimbardo: 180–181 – **Magnum**: B. Barbey: 22; G. Peress: 198–199 – **Maria et Pascal Maréchaux**: 42–43, 66, 90–91, 91, 130 – **Rapho**/F. Ancellet: 38–39, 124; M. Bertinetti: 164–165; O. Follmi: 224–225; M. Friedel: 33, 86, 87; R. Michaud: 236–237; K. Nomachi: 42; Network/J. Picone: 94; PPS/K. Nomachi: 114–115; G. Sioen: 4, 78–79, 202, 215; B. Wassman: 120–121 – **Michel Setboun**: 145 – **Stone**/Y. Layma: 152–153, 232–233; B. Rieger: 227; Schafer & Hill: 212–213 – **Robert van der Hilst**: 72–73, 106, 126, 169, 185, 188, 188–189 – **Webistan**/Reza: 162, 165, 175, 176–177, 177, 226, 230–231
UXBRIDGE, **Bruce Coleman Collection**/A. Compost: 154–155; G. S. Cubitt : 112–113; C. Fredriksson: 146–147; S. Widstrand: 110.

Danksagung

Für ihre freundliche Unterstützung geht unser Dank an:

Blandine Bril, Dozentin und Forscherin an der Hochschule für Sozialwissenschaften, Leiterin des Forschungsteams *Apprentissage et contexte*.

Manola Jouanneaux, Mitglied des Komitees für die Zusammenarbeit mit Laos.

Kham Ouane-Rattanavong Sabah Rahmani, Ethnologin und Expertin für die peruanischen Anden.